Alltagskulturen Chinas und seiner Nachbarn

Everyday Cultures in China
and its Neighboring Countries

Herausgegeben von / Edited by
Mareile Flitsch

7

2018
Harrassowitz Verlag · Wiesbaden

Christoph Müller

Tibet-Teppiche aus Kathmandu, Pokhara und Chialsa

Paradigmenwechsel in der Schweizer
Entwicklungszusammenarbeit mit Nepal –
oder wie aus tibetischen Nomaden
erfolgreiche Unternehmer wurden

2018

Harrassowitz Verlag · Wiesbaden

Umschlagabbildung: Familie Mingmar in Jawalakhel; Kathmandu 1962/1963.
Fotografie: Elizabeth Neuenschwander

Bibliografische Information der Deutschen Nationalbibliothek
Die Deutsche Nationalbibliothek verzeichnet diese Publikation in der Deutschen
Nationalbibliografie; detaillierte bibliografische Daten sind im Internet
über http://dnb.dnb.de abrufbar.

Bibliographic information published by the Deutsche Nationalbibliothek
The Deutsche Nationalbibliothek lists this publication in the Deutsche
Nationalbibliografie; detailed bibliographic data are available in the internet
at http://dnb.dnb.de.

Informationen zum Verlagsprogramm finden Sie unter
http://www.harrassowitz-verlag.de
© Otto Harrassowitz GmbH & Co. KG, Wiesbaden 2018
Das Werk einschließlich aller seiner Teile ist urheberrechtlich geschützt.
Jede Verwertung außerhalb der engen Grenzen des Urheberrechtsgesetzes ist ohne
Zustimmung des Verlages unzulässig und strafbar. Das gilt insbesondere
für Vervielfältigungen jeder Art, Übersetzungen, Mikroverfilmungen und
für die Einspeicherung in elektronische Systeme.
Gedruckt auf alterungsbeständigem Papier.
Druck und Verarbeitung: BoD, Hamburg
Printed in Germany
ISSN 1868-615X
ISBN 978-3-447-11096-9

Otto Harrassowitz GmbH & Co. KG
Kreuzberger Ring 7c-d, D-65205 Wiesbaden,
produktsicherheit.verlag@harrassowitz.de

Inhalt

Abstract IX

Danksagung X

Vorbemerkung XII

Vorwort XIII

1 Einleitung 1
    1.1 Forschungsfeld, Fragestellung und Abgrenzung 1
    1.2 Forschungsstand, Literatur- und Quellenlage 2
    1.3 Forschungsaufenthalt und Forschungsstandorte 3
    1.4 Methodische Vorgehensweise und Stationen des Erkenntnisgewinns 4
    1.5 Aufbau der Arbeit und Erläuterung der Exkurse 5

2 Der Beginn der Schweizer Entwicklungszusammenarbeit 7
    2.1 Die Gründung der Vereinten Nationen
        als Anstoss zur Schweizer Entwicklungshilfe 7
    2.2 Die Grundlagen der frühen Schweizer Entwicklungshilfe 9
    2.3 Der Auftakt der bilateralen Schweizer Entwicklungshilfe 10
    2.4 Die Koordinationskommission
        als Lenkungsorgan der technischen Hilfe 11
    2.5 Das Swiss Nepal Forward Team
        als Wegbereiter der Entwicklungshilfe in Nepal 13
    2.6 Das Schweizerische Hilfswerk für aussereuropäische Gebiete
        als Vorreiter im Bereich Öffentlichkeitsarbeit 15
    2.7 Auswirkungen der sich wandelnden Erwartungen
        auf die Organisation der Entwicklungszusammenarbeit 17

3 Exkurs I – Tibetische Flüchtlinge in Nepal 18
    3.1 Das anglo-tibetische Abkommen von 1904 und
        das anglo-chinesische Abkommen von 1906 19
    3.2 Chinas neue Tibet-Politik und
        Tibets Annäherung an Grossbritannien ab 1909 22
    3.3 Der Fall der Qing-Dynastie 1911 und
        die Gründung der Republik China 1912 23
    3.4 Die Shimla-Konvention von 1914 und
        Tibets erste Versuche einer Modernisierung 24

	3.5	Der Chinesische Bürgerkrieg und die Gründung der Volksrepublik China 1949	26
	3.6	Das 17-Punkte-Abkommen von 1951	27
	3.7	Der Tibet-Aufstand von 1959	30
	3.8	Der Weg ins Exil	32
	3.9	Tibet als Spielball imperialistischer Mächte	34
4	Der Beginn der Schweizer Entwicklungszusammenarbeit mit Nepal		35
	4.1	Das Internationale Komitee vom Roten Kreuz	35
	4.2	Das Schweizerische Rote Kreuz	36
	4.3	Der Dienst für technische Zusammenarbeit	36
	4.4	Die Swiss Association for Technical Assistance	37
	4.5	Möglichkeiten und Grenzen der involvierten Organisationen	37
5	Exkurs II – Tibet-Teppiche im Wandel der Zeit		39
	5.1	Die Ursprünge des Tibet-Teppichs	40
	5.2	Der Teppich als Teil von Tibets Alltagskultur	42
	5.3	Der Teppich als Träger bedeutsamer Symbole	44
	5.4	Die Herstellung des Tibet-Teppichs	46
		5.4.1 Die tibetischen Nomaden und die Tibet-Argali Hochlandschafe	47
		5.4.2 Die Schur der Schafe und das Karden der Rohwolle	48
		5.4.3 Das Spinnen der Wollfasern	49
		5.4.4 Das Färben des Garns	51
		5.4.5 Das Knüpfen des Teppichs	52
		5.4.6 Das Scheren und Waschen der Teppiche	56
	5.5	Tibet-Teppiche als Produkte komplexer Entstehungsprozesse	57
6	Das SATA-Programm für Tibeter in Nepal		58
	6.1	Der Aufbau der tibetischen Siedlungen	58
		6.1.1 Die Siedlung Jawalakhel	61
		6.1.2 Die Siedlung Dhorpatan	62
		6.1.3 Die Siedlung Chialsa	64
		6.1.4 Die Siedlung Tashi Palkhiel	65
		6.1.5 Die tibetischen Siedlungen im Vergleich	66
		6.1.6 Die Zukunft der tibetischen Siedlungen	68
	6.2	Der Aufbau der Teppichproduktionszentren	70
		6.2.1 Das Jawalakhel Handicraft Center	71
		6.2.2 Das Chialsa Handicraft Center	73
		6.2.3 Das Tashi Palkhiel Handicraft Center	75
		6.2.4 Die Teppichproduktionszentren im Vergleich	76
		6.2.5 Die Zukunft der Teppichproduktionszentren	79

6.3		Der Aufbau assoziierter Institutionen	81
	6.3.1	Die Gründung von aktienrechtlichen Produktionsgesellschaften ab 1966	81
	6.3.2	Die Gründung der Exportgesellschaft Carpet Trading Company ab 1966	81
	6.3.3	Die Schaffung eines Lehrgangs für angehende tibetische Kader ab 1971	83
	6.3.4	Die Errichtung der Wohlfahrtsstiftung Snow Lion Foundation ab 1972	85
6.4		Blütezeit und Niedergang des nepalesischen Teppichmarkts	87
	6.4.1	Die Entwicklung der Teppichproduktion	87
	6.4.2	Die Entwicklung der Teppichabsatzmärkte	89
6.5		Unmittelbare Auswirkungen des SATA-Programms	93
	6.5.1	Motiv- und Farbveränderungen der Tibet-Teppiche	93
	6.5.2	Gesellschaftlicher Wandel in der tibetischen Gemeinschaft	94
	6.5.3	Produktion und Handel von Tibet-Teppichen in Kathmandu	94
6.6		Retrospektive Beurteilung des SATA-Programms	99

7		Konsequenzen der Schweizer Entwicklungszusammenarbeit mit Nepal	103
	7.1	Vom Swiss Nepal Forward Team über die private Helvetas zur staatlichen DEZA	103
	7.2	Von der Nothilfe des IKRK und SRK zur technischen Aufbauarbeit der SATA	104
	7.3	Paradigmenwechsel in der Schweizer Entwicklungszusammenarbeit mit Nepal	105
		7.3.1 Phase I: Ökonomische Motivationen	106
		7.3.2 Phase II: Humanitäre Motivationen	106
		7.3.3 Phase III: Vollzug des Paradigmenwechsels	106
	7.4	Gesellschaftlicher Wandel durch technischen Fortschritt	107
	7.5	Integration durch ökonomische Selbständigkeit	107
	7.6	Von Tibet via Nepal nach Amerika	108

Glossar 111

Abkürzungsverzeichnis 112

Abbildungsverzeichnis 114

Tabellenverzeichnis 116

Literaturverzeichnis 117

Abstract

This study focuses on three Tibetan refugee settlements founded in the early 1960s by the *International Committee of the Red Cross* (ICRC) in Nepal: in Kathmandu, Pokhara and Chialsa. Soon after their foundation, handicraft centers specializing in the production of Tibetan carpets were established in all three settlements. From 1963 onwards, *Swiss Development Aid* supported local production and international marketing of the carpets produced, through a program called the *Swiss Association for Technical Assistance Handicraft Centers* (SATA Handicraft Centers). This successful working approach was soon adopted by the Nepalese people and, in the late 1970s to the early 1980s, there was a significant boom in Nepal's carpet industry. Unfortunately, this trend ended abruptly in the mid-1990s.

Swiss engagement with the Tibetans did not come as a surprise. When the first refugees had arrived in Kathmandu in 1960, a Swiss employee of the Nepalese government was living in the city, as well as a Swiss specialist from the *Food and Agriculture Organization* (FAO) together with his wife, a textile specialist. In collaboration with other expatriates there, they helped to improve the situation and finally motivated the ICRC to provide support for the refugees. Three years later, the *Swiss Agency for Development and Cooperation* (SDC), supported by the Swiss relief organization *Helvetas*, took over the administration of the technical construction work that had become essential, aiming to help the Tibetan refugees and their settlements become economically independent.

The idea for this book emerged during an exhibition on Tibetan carpets held at the Ethnographic Museum of the University of Zurich from October 2008 to November 2009. In addition, it is based on ethnological field research in these three Tibetan settlements in Nepal, which took place during March and April 2011. The methods of systematic observation and structural interviewing were applied in order to investigate the perspective of the Tibetan refugees within the SATA program. To complete the overall research picture, former Swiss employees who had worked in Nepal from the late 1950s to the early 1970s were also interviewed, and relevant specialist literature was consulted.

Reviewing the history of Swiss development cooperation in Nepal, it becomes evident that the Swiss motivation for this engagement underwent a major paradigm shift. This study identifies and analyzes these changes and their consequences. A significant conclusion of this research is that there was a shift in Swiss motivation during the 1950s, when it changed from acting essentially in Switzerland's own economic interests, towards applying a new cooperative approach that was based on the credo *Hilfe zur Selbsthilfe* (help to self-help). This paradigm shift enabled the education of Tibetan managers in the SATA program, so that they could manage the new settlements and handicraft centers without the need for ongoing Swiss assistance. This development created a differentiation of traditional views on leadership within the exiled community. Ultimately, the Tibetan people were successfully integrated into Nepal, partially because of the education provided by the SATA program, but mainly due to the economic independence which it gave them.

Danksagung

Eine wissenschaftliche Arbeit bedarf der Unterstützung verschiedenster Menschen; viele haben sich Zeit genommen, mir über ihre vergangenen Arbeitseinsätze zu erzählen oder ihr jeweiliges Fachgebiet näher zu bringen; sei es in der Schweiz gewesen oder in Nepal. Meine Wertschätzung gilt allen Wegbegleiterinnen und Wegbegleitern, die mir während der Entstehungsphase dieses Buches mit Rat zur Seite standen.

Die vorliegende Arbeit entstand 2012 im Rahmen eines Lizenziatsstudiums in Ethnologie. Dank der wohlgesonnenen Beharrlichkeit meines persönlichen Umfelds, gelang es mir, die einmalige Gelegenheit wahrzunehmen und meine einstige Abschlussarbeit in überarbeiteter Form in der Reihe „Alltagskulturen Chinas und seiner Nachbarn" zu publizieren. Für dieses Angebot möchte ich Prof. Dr. Mareile Flitsch vielmals danken; auch dass sie mich in der Wahl meines Forschungsthemas bekräftigte und mir jederzeit viel Vertrauen entgegengebrachte.

Speziell möchte ich mich bei Rudolf Hausammann[1] bedanken, der mich ermutigte, nach Nepal zu reisen. Für mich war es ein Glücksfall, dass er sich während gut zwei Wochen meiner Feldforschung in Kathmandu aufhielt, ist er doch ein profunder Kenner der Teppichbranche Nepals und konnte mich mit für diese Arbeit wichtigen Leuten in Kontakt bringen. Besonders viel bedeutet mir, dass wir uns in den vergangenen Jahren auch über die Themen Tibet-Teppich und Nepal hinaus kennen und schätzen gelernt haben.

Durch den Hinweis meines Kollegen Philippe Dallais gelangte ich in Kathmandu eher überraschend an Kiran Man Chitrakar,[2] der mich mit viel Leidenschaft unterstützte und mir einen direkten Zugang zur Leitung des Handwerkszentrums von Jawalakhel ermöglichte. Durch seine Vermittlungsbemühungen lernte ich in der Folge auch Ashish Rajkarnikar[3]

---

1 Rudolf Hausammann fuhr 1975 ein Schweizer Postauto Jahrgang 1949 nach Nepal, mit welchem später die Buslinie Kathmandu-Pokhara eröffnet wurde. Seither besuchte er das Land regelmässig, stieg privat in den Handel mit tibetischen Teppichen ein und erlebte so selbst den Aufschwung und Niedergang der Teppichbranche in Nepal (FTB 2011:37; Hausammann 1992:3). Kennengelernt haben wir uns 2007 im Vorfeld einer Ausstellung zu tibetischen Teppichen im Völkerkundemuseum der Universität Zürich (siehe Fussnote 4), zu welcher er gut die Hälfte der gezeigten Stücke aus seiner privaten Sammlung beisteuerte.

2 Kiran Man Chitrakar gehört der nepalesischen Ethnie der buddhistischen Newar an. Er ist Kameramann beim nepalesischen Staatsfernsehen und führt in Kathmandu in dritter Generation das Ganesh Fotostudio. Bis 2008 in Nepal die Monarchie abgeschafft wurde, war er, wie bereits sein Vater und Grossvater, offizieller Hoffotograf für die königliche Familie (vgl. Kiran Man Chitrakar, *The Chitrakars – Saga of Kathmandu Valley 1908–2008: A Journey of hundred Years*, Dhaka, Creative Destination, 2011). Sein Urgrossvater und dessen Vorfahren waren die königlichen Maler (FTB 2011:21–22).

3 Ashish Rajkarnikar gehört der nepalesischen Ethnie der hinduistischen Newar an. Er schloss sein Studium in Ökonomie mit einem Bachelor in Kathmandu und einem Master in Indien ab und arbeitete einige Jahre in einer Bank. Da er dort keine Aufstiegsmöglichkeiten sah, unterstützte er danach seinen Vater, der einige Süsswarengeschäfte betreibt, wie es die Rajkarnikars gemäss ihrer Kaste traditionellerweise tun. Heute ist er im Versicherungsgeschäft tätig (FTB 2011:41–43).

kennen, der mir während meines Aufenthalts in Kathmandu ein guter Freund wurde, mich in nepalesische Gepflogenheiten einführte und immer Zeit fand, kritisch und bereichernd mit mir über meine Feldforschung zu diskutieren.

Grossen Dank schulde ich allen tibetischen Gewährsleuten aus Kathmandu, Pokhara und Chialsa, die mir ihre Zeit widmeten und es mir überhaupt erst ermöglichten, mich dem gewählten Thema in seiner ganzen Bandbreite anzunehmen. Besonders erwähnen möchte ich Sonam Lama und Tsering Dorjee aus Boudha, Pema Doleck aus Bhainsipati, Krishna Prasad Maskey, Bhu Rinchen, Dechen und Tseyang aus Jawalakhel, Norbu Namru, Wangdu Namru, Tenzin Gelden, Tsering Wangmo, Tsering Yangzom, Tenzin Topdhen und Tenzin Choedak aus Tashi Palkhiel, Namgyal Lhamo und Pema Kunggab aus Tashi Ling sowie Sherap aus Chialsa. Gleichermassen dankbar bin ich für die Gespräche mit ehemaligen Mitarbeitenden des IKRK, der DEZA und von Helvetas, namentlich Dr. Rudolf Högger, Dr. Rolf Wilhelm, Heidi Schulthess, Elizabeth Neuenschwander, Sigrid Joss und Peter Künzi.

Im Bereich der handwerklichen Herstellung des Tibet-Teppichs durfte ich auf den fachgerechten Beistand von Kathrin Kocher, Textilrestauratorin am Völkerkundemuseum der Universität Zürich, zählen. Dr. Hanna Rauber und Dr. Alban von Stockhausen waren mir im Vorfeld meiner Feldforschung behilflich mit alltagspraktischen Tipps zu Nepal. Ich danke Dr. Martin Brauen für seine Anregungen und Literaturempfehlungen. Ich bedanke mich ausserdem sehr herzlich bei Katharina Haslwanter, Thomas Kaiser, Dr. Martina Wernsdörfer und Dr. Ingo Nentwig für ihre wertvollen Hinweise und die sorgfältige Durchsicht der Arbeit. Trotz ausgezeichnetem Beistand zahlreicher Personen bin letzten Endes alleine ich für die im Rahmen dieser Arbeit entwickelten Thesen verantwortlich.

Zuletzt möchte ich mich bei Francisca Schätti aus Schwanden in Glarus bedanken für ihre grosszügige Schenkung von Tibet-Teppichen an das Völkerkundemuseum der Universität Zürich im Jahr 2005. Ihre Schenkung war der Anstoss für eine spätere Ausstellung und ermöglichte erst das Erwachen meiner Begeisterung für die Geschichte, Herkunft und Beschaffenheit der Tibet-Teppiche.

Im Laufe der Zeit hat mich das Thema Tibet-Teppich vielerorts hinbegleitet. Mit der Überarbeitung der ursprünglichen Lizenziatsarbeit beschäftigte ich mich beispielsweise auch 2013 während eines Aufenthalts in Uganda. Damals durfte ich während dreier Monate Gitte Beckmanns Gastfreundschaft in Kampala in Anspruch nehmen. Ab 2014 erfuhr das Projekt durch meine bis heute andauernde Berufstätigkeit bei der Firma Starmind eine längere Unterbrechung. Dafür, dass dieses Buch nun letztlich doch erscheint, gehört meinen Eltern und meiner Schwester ein besonderes Dankeschön ausgesprochen – für ihren beständigen Rückhalt und ihre mir gegenüber stets positive und offene Haltung.

Christoph Müller
Zürich, Juli 2018

Vorbemerkung

Die vorliegende Arbeit wurde nach den Regeln der neuen deutschen Rechtschreibung verfasst. In Zitaten wird die Originalschreibweise sämtlicher Wörter beibehalten. Fremdsprachige Ausdrücke erscheinen kursiv. Für die Transkription tibetischer Begriffe wurde die im deutschen Sprachraum übliche Schreibweise gewählt. Diese orientiert sich am Kriterium der leichten Lesbarkeit und Aussprache im Deutschen. Die tibetischen Begriffe sind am Ende in einem Glossar aufgeführt. Ebenso aus Gründen der leichten Lesbarkeit wurde in dieser Arbeit bei häufig verwendeten Begriffen wie „Tibeter" oder „Nepalesen" auf eine geschlechtsspezifische Differenzierung verzichtet. Grundsätzlich gilt bei allen personenbezogenen Bezeichnungen die gewählte Form für beide Geschlechter. Die verschiedenen Gliederungsebenen dieser Arbeit werden mit fortschreitender Tiefe als Teile, Kapitel und Abschnitte bezeichnet.

Manche Tabellen verweisen auf die Nepalesische Rupie (NPR) und setzen diese in ein Verhältnis zum Schweizer Franken (CHF), zum Euro (EUR) oder zum US-Dollar (USD). Dabei wird immer auf die Wechselkurse vom 1. Mai 2012 Bezug genommen, dem Abgabezeitpunkt der einstigen Abschlussarbeit: NPR/CHF = 0.0108, NPR/EUR = 0.0090, NPR/USD = 0.0119. Im Zusammenhang mit der Feldforschung geäusserte Temporalangaben wie „heute" oder „gegenwärtig" beziehen sich auf das Jahr 2011.

Im Literaturverzeichnis erwähnte Interviews in Form von Ton- und Filmaufnahmen entstanden in Vorarbeit zur 2008 am Völkerkundemuseum der Universität Zürich eröffneten Ausstellung über Tibet-Teppiche. Die angeführten Notizen zu Antwortmails und Telefongesprächen entstammen persönlichen Anfragen im Rahmen der Recherche zu dieser Arbeit. Die im Abbildungsverzeichnis aufgelisteten Fotografien wurden von Elizabeth Neuenschwander, Kathrin Leuenberger, Silvia Luckner, Rudolf Hausammann, Heinrich Harrer und vom Autor aufgenommen.

Vorwort

Im Herbst 2008 eröffnete am Völkerkundemuseum der Universität Zürich (VMZ) die Ausstellung „Drache Lotos Schneelöwe – Teppiche vom Dach der Welt", die zahlreiche Tibet-Teppiche aus der Sammlung des Museums und aus dem Bestand eines privaten Sammlers zeigte.[4] An der Konzeption und Umsetzung dieser Ausstellung durfte ich die vorangegangenen zwei Jahre mitarbeiten. Mein Schwerpunkt lag auf einem Projekt der schweizerisch-nepalesischen Entwicklungszusammenarbeit namens *SATA Handicraft Centers*, das zum Ziel hatte, den seit 1959 nach Nepal geflohenen Tibetern durch die Herstellung von Teppichen ein wirtschaftliches Auskommen zu verschaffen. Während der Recherche zu dieser Ausstellung machte ich Bekanntschaft mit Menschen, welche über viel Erfahrung in der Entwicklungszusammenarbeit verfügen. Darunter waren ehemalige Mitarbeitende des IKRK, der DEZA (ehemals DftZ) und von Helvetas (ehemals SHAG), die mir direkt über ihre einstmaligen Aufgaben in Nepal Auskunft geben konnten.

Bald entstand in mir der Wunsch, das Land am Himalaya zu besuchen, um so meine Perspektive aus der Sicht der Hilfeleistenden um diejenige der Hilfeempfangenden zu erweitern. Einen wesentlichen Kern des schweizerischen Engagements für die tibetischen Flüchtlinge in Nepal bildeten die drei Handwerkszentren in Jawalakhel, Tashi Palkhiel und Chialsa, welche mit Ausnahme des letzten bis heute existieren und Tibet-Teppiche produzieren. Im Frühling 2011 besuchte ich alle drei Standorte im Rahmen einer Feldforschung, die es mir ermöglichte, die 40 bis 50 Jahre zurückliegenden Erinnerungen meiner Informantinnen und Informanten aus der Schweiz mit aktuellen Auskünften vor Ort zusammenzuführen.

Den Hintergrund dieser Arbeit bilden also eine Sammlung und Ausstellung in Zürich sowie eine Feldforschung in Nepal. Von Anfang an faszinierte mich besonders die ökonomische Ausrichtung des Teppichprojekts, welches bezweckte, die tibetischen Flüchtlinge nachhaltig in die nepalesische Wirtschaft einzubinden und ihre Siedlungen, in welchen die Handwerkszentren entstanden, finanziell unabhängig und selbsttragend zu machen. Die vorliegende Arbeit wird aufzeigen, ob es der Schweizer Entwicklungszusammenarbeit gelungen ist, dieses ehrgeizige Ziel zu erreichen.

---

4 Die Ausstellung dauerte vom 17. Oktober 2008 bis zum 22. November 2009 und wurde im Rahmen eines viersemestrigen Museumskurses von vier Studierenden der Ethnologie – Betty Beer Schuler, Elisa Bühler, Susanna Ruggli und Christoph Müller – realisiert mit Unterstützung von Martin Kämpf und Dominik Steinmann (Universitärer Ausstellungsdienst) sowie Kathrin Leuenberger (Fotografie) und Andreas Brodbeck (Grafik). Die wissenschaftliche Leitung trugen Martin Brauen (Kurator Asien), Andreas Isler (Kurator Südostasien), Renate Koller (Bibliothek) und Ina von Woyski (Restaurierung). Rudolf Hausammann stellte viele wertvolle Tibet-Teppiche seiner privaten Sammlung als Leihgabe zur Verfügung.

1 Einleitung

1.1 Forschungsfeld, Fragestellung und Abgrenzung

Das Forschungsfeld, in dem sich diese Arbeit verortet, ist die Ethnologie der Entwicklungszusammenarbeit. Das konkret untersuchte Fallbeispiel ist die bilaterale schweizerisch-nepalesische Entwicklungszusammenarbeit der 1950er bis 1970er Jahre. Das Hauptaugenmerk gilt hierbei dem SATA-Programm für tibetische Flüchtlinge in Nepal, insbesondere den drei Teppichproduktionszentren nahe der Städte Kathmandu und Pokhara sowie im abgelegenen Chialsa. Aufgrund fehlender Möglichkeiten in Nepal positioniert sich das beforschte Fallbeispiel also im Bereich der internationalen Entwicklungshilfe im Dienst für eine Flüchtlingsgruppe in der Diaspora.

Im Zuge meiner Mitarbeit bei der Tibet-Teppich Ausstellung am Völkerkundemuseum der Universität Zürich begann ich mich für die Geschichte der Schweizer Entwicklungszusammenarbeit mit Nepal zu interessieren. Dabei stellten sich mir verschiedene Fragen: Wie kam es dazu, dass Nepal zu einem Schwerpunktland der schweizerischen Entwicklungszusammenarbeit wurde? Inwiefern hat das Eintreffen der Tibeter in Nepal diese Kooperation neu ausgerichtet? War die Schweizer Entwicklungshilfe für die Tibeter nachhaltig respektive unterstützte sie die Flüchtlinge, im Exil Fuss zu fassen? Welche gesellschaftlichen und wirtschaftlichen Auswirkungen hatte das SATA-Programm auf das Wohlergehen der Tibeter in Nepal? Diese und weitere Fragen konnten anhand der vorliegenden Arbeit beantwortet werden, indem sie in Zusammenhang mit einem Paradigmenwechsel gestellt wurden – vom ökonomischen hin zum humanitären Gedanken –, den die schweizerische Entwicklungszusammenarbeit mit Nepal Ende der 1950er und Anfang der 1960er Jahre erfuhr. Im Kern bietet die Arbeit, in Anwendung ethnologischer Methoden des Erkenntnisgewinns mittels einer Feldforschung und in kritischer Reflexion der einschlägigen Fach- und Erinnerungsliteratur, ein anschauliches Beispiel für die Auswirkungen und Chancen eines solchen Paradigmenwechsels.

Diese Arbeit geht nicht auf postmoderne Kritiken ein, die den hegemonialen Entwicklungsdiskurs, wie er sich nach dem Ende des Zweiten Weltkriegs herausgebildet hat, monieren und auf Kontinuitäten zwischen Praktiken der Entwicklungszusammenarbeit und des Kolonialismus aufmerksam machen. Dekonstruktivistinnen und Dekonstruktivisten dieses Diskurses stellen eine objektive Verschlechterung der Lage der sogenannten Entwicklungsländer fest und fordern die Entwicklung alternativer Perspektiven.[5] Aktuelle postmoderne Reflexionen, welche Parallelen zwischen den Akteuren der Ethnologie und der Entwicklungszusammenarbeit untersuchen oder die Beziehungen zwischen Strategie und Praxis in der Entwicklungshilfe erforschen, werden ebenso wenig berücksichtigt.[6]

---

5 Vgl. Arturo Escobar (1995:12–17/222–226) und Monica Kalt (2010:131–144).
6 Vgl. David Lewis (2005:472–486) und David Mosse (2005).

1.2 Forschungsstand, Literatur- und Quellenlage

Für die Beantwortung meiner Forschungsfragen stütze ich mich auf Literatur über den Beginn der schweizerischen Entwicklungszusammenarbeit und die Anfänge der bilateralen Hilfe an Nepal sowie die Ergebnisse meiner Feldforschung in Kathmandu, Pokhara und Chialsa. Um die frühe Geschichte der Schweizer Entwicklungszusammenarbeit darzulegen, orientierte ich mich vorzugsweise an den Jahrbüchern der UNO aus den Jahren 1947 bis 1950. Daneben dienten mir *Die Anfänge der schweizerischen Entwicklungshilfe* von Albert Matzinger (1990) und *50 Jahre Helvetas – Inspiration schweizerischer Entwicklungszusammenarbeit im Spannungsfeld von struktureller Abhängigkeit und entwicklungspolitischer Vision* von Thomas Möckli (2004) als Basis.

Bezüglich der Geschichte Tibets stützt sich die vorliegende Arbeit auf *The Status of Tibet – History, Rights, and Prospects in International Law* des auf internationales Recht und innerstaatliche Konflikte spezialisierten Niederländers Michael C. van Walt van Praag (1987) sowie auf Publikationen des amerikanischen Ethnologen und Tibetologen Melvyn C. Goldstein; in erster Linie auf *The Snow Lion and the Dragon – China, Tibet, and the Dalai Lama* (1997) und in zweiter Linie auf die beiden umfassenden Darstellungen *A History of Modern Tibet Volume 1 – The Demise of the Lamaist State 1913–1951* (1989) und *A History of Modern Tibet Volume 2 – The Calm before the Storm 1951–1955* (2007). Betreffend Aussagen zum Tibet-Teppich orientiere ich mich an den Büchern *The Tibetan Carpet* des britischen Tibetologen Philip Denwood (1974), *Tibetan Rugs* des Norwegers Hallvard Kåre Kuløy (1982) und *Of Wool and Loom – The Tradition of Tibetan Rugs* von Trinley Chodrak und Kesang Tashi (2000), die als erste Tibeter eine ausführliche englischsprachige Studie zum Tibet-Teppich veröffentlichten.

Wichtige zusätzliche Informationen zu den im Rahmen der Feldforschung untersuchten tibetischen Siedlungen und deren Handwerkszentren fanden sich in den Publikationen *Die Tibeteraktion des Dienstes für technische Zusammenarbeit in Nepal 1963–1967* und *Die Schweiz in Nepal – Erfahrungen und Fragen aus der schweizerischen Entwicklungszusammenarbeit mit Nepal* von Rudolf Högger (1968, 1975) sowie in Büchern von Toni Hagen (1992), *Brücken bauen zur Dritten Welt – Erinnerungen an Nepal 1950–1992*, und Rolf Wilhelm (2012), *Gemeinsam unterwegs – Eine Zeitreise durch 60 Jahre Entwicklungszusammenarbeit Schweiz-Nepal*. Toni Hagen lebte von 1950 bis 1962 in Nepal. Zuletzt hatte er im Auftrag des IKRK die Leitung der Tibetersiedlungen inne. Rolf Wilhelm war von 1958 bis 1960 erster Teamleiter des SHAG (seit 1965 Helvetas) in Nepal und ab 1980 stellvertretender Direktor der DEZA, für die er seit ihren Anfängen 1962 bis zu seiner Pensionierung 1992 arbeitete. Rudolf Högger war von 1970 bis 1974 erster Koordinator der schweizerischen Entwicklungszusammenarbeit in Nepal und dabei sowohl Teamleiter des DftZ (seit 1996 DEZA) wie auch des SHAG. Von 1981 bis 1988 war er DEZA-Vizedirektor und von 1991 bis 2001 Präsident der Helvetas.

Elvira Graner (1999, 2003), eine auf Südasien spezialisierte Geografin, setzte sich intensiv mit dem nepalesischen Arbeitsmarkt auseinander, der ihrer Meinung nach bedeutende Parallelen zum nepalesischen Teppichmarkt aufweist. Die Daten verschiedener Tabellen dieser Arbeit, welche die Teppichexporte Nepals veranschaulichen, stammen weitgehend aus von ihr publizierten Artikeln.

1.3 Forschungsaufenthalt und Forschungsstandorte

Die Feldforschung in Nepal fand in den Monaten März und April 2011 statt und dauerte 45 Tage. Die nachfolgende Tabelle gibt einen Überblick zum chronologischen Ablauf und über die in dieser Zeit besuchten Unternehmen und Organisationen, die anschliessend im Einzelnen kurz beschrieben werden.

Aufenthalt	Region	Standort
22 Tage	Kathmandu	Jawalakhel Handicraft Center
		Palbu Carpet Atelier
		Swiss Development Corporation
10 Tage	Pokhara	Tashi Palkhiel Handicraft Center
		Tashi Ling Handicraft Center
		Paljor Ling Handicraft Center
6 Tage	Kathmandu	Jawalakhel Handicraft Center
		Swiss Development Corporation
2 Tage	Solukhumbu	Chialsa Handicraft Center
5 Tage	Kathmandu	Jawalakhel Handicraft Center
		Snow Lion Foundation
		Handloom Carpet Industries

Tabelle 1: Ablauf der Feldforschung in Nepal vom 4. März bis zum 17. April 2011.

Die primären Orte der Feldforschung waren die tibetischen Siedlungen in Jawalakhel, Tashi Palkhiel und Chialsa. Da alle drei im Rahmen des schweizerischen Programms *SATA Handicraft Centers* unterstützt und gefördert wurden, sind sie für die vorliegende Arbeit von besonderer Bedeutung. Die Anfang der 1960er Jahre gegründeten zugehörigen Handwerkszentren bestehen heute noch in Jawalakhel und Tashi Palkhiel, nicht aber in Chialsa.

Zu Vergleichszwecken wurden überdies Handwerkszentren, die ihren Ursprung ausserhalb schweizerischer Aktivitäten haben, sowie private Teppichproduktionsfirmen aufgesucht. Die Anfang der 1970er Jahre gegründeten Handwerkszentren Tashi Ling und Paljor Ling entstanden auf Initiative der tibetischen Exilregierung in Dharamsala, der nepalesischen Regierung und des Nepalesischen Roten Kreuzes (PLHC 2011; TLHC 2011).

Die Unternehmen *Palbu Carpet Atelier* und *Handloom Carpet Industries* sind von Tibetern geführte Teppichproduktionsfirmen in privater Hand. Die *Swiss Development Corporation* ist das lokale Kooperationsbüro der DEZA in Kathmandu. Die *Snow Lion Foundation* ist eine noch heute existierende tibetische Wohlfahrtsstiftung, die ursprünglich aus den Erträgen der *SATA Handicraft Centers* finanziert wurde. Auf alle erwähnten Unternehmen und Organisationen wird im Laufe dieser Arbeit eingegangen.

1.4 Methodische Vorgehensweise und Stationen des Erkenntnisgewinns

Das gesammelte Forschungsmaterial setzt sich nebst schriftlichen Quellen zusammen aus empirischen Daten. Die Frage nach der erfolgreichsten Methode zur Beschaffung dieser Daten stellte sich mir vor und während der Feldforschung immer wieder von neuem. Die klassische ethnologische Methode der teilnehmenden Beobachtung hätte sich angeboten, wenn ich mein Ziel auf die Erforschung und Analyse nur einer Siedlung konzentriert hätte. Da für mich aber die Untersuchung der Gesamtwirkung der schweizerischen Entwicklungszusammenarbeit auf die Tibeter an sämtlichen drei Standorten der ehemaligen *SATA Handicraft Centers* im Vordergrund stand, wählte ich die Methoden der systematischen Beobachtung und des semi-strukturierten Interviews.

Die systematische Beobachtung nutzte ich im Rahmen des Sammelns quantifizierbarer, vergleichbarer Daten aus den verschiedenen tibetischen Siedlungen. Auf diese Weise erhob ich zum Beispiel die Einwohnerzahlen, die Teppichpreise und einige Angaben zu den Rohmaterialien für die Teppichproduktion. In semi-strukturierten Interviews bemühte ich mich jeweils, zu Beginn möglichst standardisierte Fragen zu stellen, um dann anschliessend individuell auf den Gesprächspartner einzugehen. Bezüglich Herkunft, Bildungsstand und Offenheit waren die Interviewpartner sehr heterogen, und so blieb der standardisierte Gesprächsanteil in manchen Fällen verschwindend klein. Aufgrund der unterschiedlichen Biographien liessen sich gewisse Fragen zu Familie, Beruf oder Herkunft unmöglich allen Gesprächspartnern auf dieselbe Art und Weise stellen. Trotzdem war ich immer wieder überrascht und erfreut, wie sich Unterhaltungen entwickelten und mir vorher undenkbare, wertvolle Informationen zuteilwurden.

Während des siebenwöchigen Nepalaufenthalts besuchte ich fünf tibetische Siedlungen. In vieren davon existieren Handwerkszentren, wo Teppiche für Touristen produziert werden. Zudem besuchte ich zwei privat geführte Firmen, die Teppiche für den Export herstellen. Insgesamt war ich neunmal in Jawalakhel, dreimal in Tashi Palkhiel, je zweimal in Tashi Ling, Paljor Ling und im *Palbu Carpet Atelier* sowie je einmal in Chialsa und bei *Handloom Carpet Industries*.

Rückblickend lässt sich sagen, dass für die Feldforschung auch andere Ansätze zur Informationsbeschaffung sehr interessant hätten sein können, etwa die detaillierte teilnehmende Beobachtung, verbunden mit der Untersuchung nur einer tibetischen Siedlung wie beispielsweise Tashi Palkhiel, oder die längerfristige systematische Beobachtung der Produktionsprozesse in verschiedenen Handwerkszentren. Unabhängig von den gewählten Methoden war es für mich spannend zu verfolgen, wie mein Erkenntnisgewinn vor allem mit den jeweiligen Standortwechseln voranschritt. Kathmandu erlaubte mir, erste methodische Erfahrungen zu sammeln, um fortan zielgerichteter vorzugehen. Pokhara eröffnete mir eine Vielfalt an tibetischen Handwerkszentren, wie ich sie zuvor nicht wahrgenommen hatte, und Chialsa führte mir anschaulich vor Augen, dass auch gesellschaftliche Entwicklungen den wirtschaftlichen Erfolg eines Teppichproduktionszentrums gefährden können. Die verschiedenen Facetten fügten sich erst allmählich zu einem inhaltlich kohärenten Bild zusammen.

1.5 Aufbau der Arbeit und Erläuterung der Exkurse

Der zweite, vierte und sechste Teil bilden das eigentliche Gerüst dieser Arbeit, die den Beginn der schweizerischen Entwicklungszusammenarbeit beschreibt, aufzeigt, wie diese alsbald einen Schwerpunkt in der bilateralen Entwicklungszusammenarbeit mit Nepal fand, und schildert, wie daraus das SATA-Programm für tibetische Flüchtlinge in Nepal entstand. Während die Teile eins bis fünf vorwiegend durch literarische Quellen belegt werden, fliessen in den sechsten Teil die Erkenntnisse der Feldforschung mit ein, dokumentiert durch das vor Ort geführte Feldforschungstagebuch (FTB 2011) und den anschliessend verfassten Feldforschungsbericht (FBR 2011). Die nachfolgende Inhaltsangabe erlaubt einen groben Überblick:

1 Einleitung
2 Der Beginn der Schweizer Entwicklungszusammenarbeit
3 Exkurs I – Tibetische Flüchtlinge in Nepal
4 Der Beginn der Schweizer Entwicklungszusammenarbeit mit Nepal
5 Exkurs II – Tibet-Teppiche im Wandel der Zeit
6 Das SATA-Programm für Tibeter in Nepal
7 Konsequenzen der Schweizer Entwicklungszusammenarbeit mit Nepal

Die beiden Exkurse dienen als Einführung in die jeweils nachfolgenden Teile. Exkurs I skizziert die Geschichte Tibets ab Ende des 19. Jahrhunderts bis 1959, hilft das umfangreiche Engagement der Schweiz für die tibetischen Flüchtlinge in Nepal nachzuvollziehen und vermittelt einen Eindruck über den Hintergrund jener Menschen, mit denen die schweizerische Entwicklungshilfe in Nepal jahrelang und intensiv zusammenarbeitete. Exkurs II beschreibt das handwerkliche Erzeugnis, den Tibet-Teppich, auf welchem dieses Engagement fusste, und schafft die Grundlage für ein Verständnis der Komplexität des schweizerischen Teppichprojekts in Nepal nicht nur in Bezug auf die Vermarktung der Produkte im Ausland, sondern auch hinsichtlich ihrer Herstellung.

Der siebte Teil fasst die Ereignisse in Nepal chronologisch zusammen und analysiert, inwiefern das Programm *SATA Handicraft Centers* Bestandteil des genannten Paradigmenwechsels in der schweizerischen Entwicklungszusammenarbeit mit Nepal war. Daneben werden die gesellschaftlichen und wirtschaftlichen Folgen des SATA-Programms diskutiert. Zuletzt folgt ein gewagter Ausblick, der versucht zu skizzieren, in welche Richtung sich die tibetische Gemeinschaft Nepals in Zukunft weiterentwickeln könnte.

*Abbildung 1: Tibetisches Zeltlager bei Jawalakhel; Kathmandu 1962/1963;
Fotografie Elizabeth Neuenschwander.*

*Abbildung 2: Tibetisches Zeltlager vor dem Annapurna-Massiv; Pokhara 1962/1963;
Fotografie Elizabeth Neuenschwander.*

2 Der Beginn der Schweizer Entwicklungszusammenarbeit

2.1 Die Gründung der Vereinten Nationen als Anstoss zur Schweizer Entwicklungshilfe

Am 14. August 1941 formulierten die Regierungschefs der USA und Grossbritanniens, Franklin D. Roosevelt[7] und Winston Churchill,[8] ihre gemeinsamen Prinzipien internationaler Politik in der Atlantik-Charta.[9] Diese wurden am 1. Januar 1942 in Washington von 26 alliierten Nationen durch die Unterzeichnung der Deklaration der Vereinten Nationen[10] bekräftigt, in welcher beschlossen wurde, gemeinsam gegen die Achsenmächte vorzugehen und auf separate Friedensschlüsse zu verzichten. Dies war ein Meilenstein auf dem Weg zur Gründung der *United Nations Organization (UNO)*. Weitere Schritte wurden Mitte 1944 an der Konferenz von Dumbarton Oaks[11] unternommen, als man mit der Ausarbeitung eines ersten Entwurfs der UN-Charta begann (UNO 1947:1–9; 1948:3).

Gegen Ende des Zweiten Weltkriegs diskutierten die Alliierten an der Konferenz von Jalta[12] die anstehende Machtverteilung in Europa und den noch verbliebenen Krieg gegen

---

7 Franklin D. Roosevelt (1882–1945) war 44. Gouverneur von New York (1929–1932) und 32. Präsident der USA (1933–1945).

8 Winston Churchill (1874–1965) war zweimal Premierminister von Grossbritannien (1940–1945 und 1951–1955).

9 Die Punkte zwei und drei der Atlantik-Charta lauteten: „Second, they desire to see no territorial changes that do not accord with the freely expressed wishes of the peoples concerned. Third, they respect the right of all peoples to choose the form of government under which they will live; and they wish to see sovereign rights and self-government restored to those who have been forcibly deprived of them (UNO 1947:2)." Die Atlantik-Charta war geprägt vom Überfall der deutschen Wehrmacht auf die Sowjetunion am 22. Juni 1941. Grossbritannien befand sich zu diesem Zeitpunkt bereits im Zweiten Weltkrieg. Gemeinsam mit Frankreich erklärte es am 3. September 1939 Deutschland den Krieg, nachdem dieses am 1. September 1939 in Polen einmarschiert war. Der Kriegseintritt der USA erfolgte erst nach dem Angriff auf Pearl Harbor durch das Kaiserreich Japan vom 7. Dezember 1941.

10 Die Deklaration der Vereinten Nationen markierte den Grundstein einer neuen internationalen Organisation. Die UNO sollte nach dem Ende des Zweiten Weltkriegs dauerhaft den Frieden sichern, was dem nach Ende des Ersten Weltkriegs gegründeten Völkerbund nicht gelungen war.

11 Die Konferenz von Dumbarton Oaks in Washington dauerte vom 21. August bis zum 7. Oktober 1944 und fand zwischen Vertretern der USA, des Vereinigten Königreichs, der UdSSR und Chinas statt (UNO 1947:4).

12 Die Konferenz von Jalta war ein diplomatisches Treffen der alliierten Staatschefs und fand im Februar 1945 auf der Krim in der heutigen Ukraine statt. Es trafen sich Präsident Franklin D. Roosevelt (USA), Premierminister Winston Churchill (Vereinigtes Königreich) und Marschall Josef Stalin (UdSSR). Nach der Konferenz wurde ein Bericht veröffentlicht, der folgende Passage enthielt: „We are resolved upon the earliest possible establishment with our Allies of a general international organization to maintain peace and security. We believe that this is essential, both to prevent aggression and to remove the political, economic and social causes of war through the close and continuing collaboration of all peace-

das Japanische Kaiserreich, sie einigten sich aber ebenso über die letzten strittigen Punkte der UN-Charta, sodass diese am 25. Juni 1945 an der Konferenz von San Francisco[13] verabschiedet werden konnte (UNO 1947:9–10/12–34; 1948:5–8). Noch im selben Jahr gründete die UNO nebst weiteren Sonderorganisationen die *Food and Agriculture Organization FAO*.[14] Am 26. Januar 1949 kündigte US-Präsident Harry S. Truman[15] als Massnahme der globalen Friedensstiftung unter Punkt vier der Inauguralrede zu seiner zweiten Amtszeit ein neues Entwicklungshilfeprogramm an, das als *Point Four Program*[16] in die Geschichte einging und dessen Ziele die Erhöhung des Lebensstandards in benachteiligten Regionen und die Stärkung der UNO waren. Als Folge initiierte die UNO auf Initiative der USA das *Expanded Program of Technical Assistance EPTA* (seit 1965 *United Nations Development Program UNDP*). Später beschloss die UN-Generalversammlung die Gründung eines speziellen Fonds für das EPTA, dessen Mittel nach einem festgelegten Schlüssel an die Sonderorganisationen der UNO verteilt werden sollten (FAO 2012; Kalt 2010:215; Moser 1993:78–79/81; UNO 1949:440–452).[17]

Die erste Geberkonferenz zugunsten des EPTA fand am 12. Juni 1950 in Lake Success im US-Bundesstaat New York statt und organisierte das Kapital für die Periode bis Ende 1951.[18] Der UNO ging es bei ihren ersten Entwicklungsaktivitäten nicht darum, das globale

---

loving peoples." Damit war das Fundament zur Gründung der UNO gelegt (UNO 1947:9–10).

13 Die Konferenz von San Francisco fand unter dem Namen *United Nations Conference on International Organization* statt und begann am 25. April 1945. Bei der abschliessenden Plenarsitzung am 25. Juni wurde die UN-Charta einstimmig von den Delegationen der 50 beteiligten Nationen genehmigt und tags darauf unterzeichnet. Am 24. Oktober 1945 trat sie in Kraft, nachdem die fünf ständigen Mitglieder des Sicherheitsrates und 24 weitere Staaten ihre Ratifizierung bei der US-Regierung hinterlegt hatten (UNO 1945:1; 1947:12–34).

14 Die FAO (Ernährungs- und Landwirtschaftsorganisation der UNO) wurde am 16. Oktober 1945 ins Leben gerufen. Ihre Verfassung verpflichtet die unterzeichnenden Nationen mit Hilfe einer effizienteren Produktion und Verteilung von Lebensmitteln die Ernährungslage und den Lebensstandard insbesondere der ländlichen Weltbevölkerung zu verbessern (UNO 1947:3/685–686).

15 Harry S. Truman (1884–1972) war Senator der Demokratischen Partei (1934–1944), 40. Vizepräsident (1945) und nach dem plötzlichen Tod von Franklin D. Roosevelt 33. Präsident der USA (1945–1953).

16 Mit dem *Point Four Program* verband die amerikanische Regierung wirtschaftliche und politische Motive. Der Beginn des Kalten Kriegs machte Entwicklungshilfeprogramme ab 1945 zu einem Instrument des ideologischen Kampfs zwischen den USA und der Sowjetunion. Die Truman-Administration glaubte, einen Zusammenhang zwischen Armut und Kommunismus zu erkennen und wollte entsprechenden Konsequenzen entgegenwirken. In erster Linie bezweckte das Programm, die wirtschaftlich weniger entwickelten Länder an die USA zu binden. Es war jedoch nicht nur ein Mittel der Aussen-, sondern auch der Innenpolitik. Es sollte der amerikanischen Wirtschaft neue Märkte erschliessen und so in den USA zusätzliche Arbeitsplätze generieren (Moser 1993:78–80). Das *Point Four Program* war das geografisch nicht begrenzte Pendant zum *Marshall Plan*, der am 3. April 1948 von den USA verabschiedet wurde. Der *Marshall Plan* sollte dem an den Kriegsfolgen leidenden Westeuropa den Wiederaufbau erleichtern und die amerikanischen Absatzmärkte des im Niedergang begriffenen Kontinents sichern. Doch auch hier war das Hauptmotiv politischer Natur. Das Programm war wichtiger Bestandteil der amerikanischen *Containment*-Politik, mittels derer das Expansionsstreben der kommunistischen Sowjetunion nach dem Ende des Zweiten Weltkriegs eingedämmt werden sollte (König 2011:2–3).

17 Das EPTA koordinierte die Hilfeleistungen von fünf Sonderorganisationen der UNO, darunter die der FAO, welcher mit 29% der grösste Anteil zustand (Blasius et al. 1994:337; UNO 1949:444).

18 Zu dieser Geberkonferenz waren nicht ausschliesslich UN-Mitgliedstaaten, sondern auch Mitglieder von

Wohlstandsgefälle durch monetäre Umverteilung zu nivellieren. Mit dem EPTA wurde vielmehr beabsichtigt, die Effizienz hilfsbedürftiger Staaten mittels Wissens- und Technologietransfers zu steigern. Der wirtschaftliche Wohlstand sollte sowohl in den hilfeempfangenden als auch in den hilfeleistenden Ländern erhöht werden mit dem Ziel, die Gefahr von Konflikten in der Welt zu verringern (Blasius et al. 1994:337; Büschel und Speich 2009:163–164; FAO 2012; Kalt 2010:215; Moser 1993:81; UNO 1949:443–446).

2.2 Die Grundlagen der frühen Schweizer Entwicklungshilfe

Friedrich Traugott Wahlen,[19] Direktor der FAO, verfasste am 2. Januar 1950 einen Brief zuhanden des Bundesrats Max Petitpierre,[20] Vorsteher des Eidgenössischen politischen Departements EPD (seit 1979 Eidgenössisches Departement für auswärtige Angelegenheiten EDA), in welchem er die Schweiz zur Teilnahme am EPTA drängte (Moser 1993:84). Zu Beginn seiner Darlegungen stellte er klar, dass „technische Hilfe an zurückgebliebene Gebiete" in seinen Augen „Zur-Verfügung-Stellen von Sachverständigen" bedeute. Er lobte die Initiativen der USA, welche sich seiner Meinung nach in diesem Bereich bereits eine Vorrangstellung geschaffen hatten. Die amerikanischen Fachleute der technischen Hilfe seien zwangsläufig auch Emissäre der amerikanischen Zivilisation und Wirtschaft. Deshalb sei es höchst dringlich, dass die Teilnahme der Schweiz am im Aufbau begriffenen EPTA nicht nur unter dem Gesichtspunkt der moralischen Verpflichtung betrachtet werde, in einem grossen Werk internationaler Solidarität nicht beiseite zu stehen, sondern auch als Massnahme der Wahrung eigener Interessen für die Weltgeltung schweizerischer Kultur und Wirtschaft. Er empfahl eine hälftige Teilung der Mittel zwischen bilateraler direkter Hilfe für einzelne Länder und multilateralen Beiträgen an die UNO.[21] Zur Vorbereitung dieser Aufgabe regte er die Gründung einer beratenden Experten-

---

Sonderorganisationen eingeladen (Moser 1993:84). Die Schweiz, die der UNO offiziell erst am 10. September 2002 beitrat und bis dahin lediglich Beobachterstatus hatte, war Teil verschiedener Sonderorganisationen. Für das erste Budget von eineinhalb Jahren (1. Juli 1950 bis 31. Dezember 1951) hatten sich insgesamt 56 Länder zu Beitragszahlungen von total 20 Millionen Dollar verpflichtet, wovon die USA mit knapp 12 Millionen Dollar über die Hälfte beisteuerten. Mit einer Million Franken beteiligte sich auch die Schweiz am EPTA (Blasius et al. 1994:337; Matzinger 1990:38–40; UNO 1950:448–450; Wicki 1993:114). Die Million Schweizer Franken entsprach damals knapp 230'000 Dollar. Bis 1973 das System von *Bretton Woods*, welches feste Wechselkurse auf Basis der Goldwährung garantierte, endgültig zusammenbrach, lag der Wechselkurs fix bei 4.375 Franken pro Dollar (SNB 2007:170–171/201).

19 Friedrich Traugott Wahlen (1899–1985) war Professor für Pflanzenbau an der ETH Zürich, Beauftragter des Bundesrats für das Anbauwerk (1940–1945), Ständerat des Kantons Zürich (1942–1949), Direktor der FAO (1949–1958) und späterer Bundesrat (1958–1965) der Bauern-, Gewerbe- und Bürgerpartei BGB (seit 1971 Schweizerische Volkspartei SVP).

20 Max Petitpierre (1899–1994) war Professor für Recht an der Universität Neuenburg, Ständerat des Kantons Neuenburg (1942–1944) und Bundesrat (1944–1961) der Freisinnig-Demokratischen Partei FDP (seit 2009 FDP Die Liberalen).

21 Friedrich Traugott Wahlen war überzeugt, dass man der solchermassen vorbereiteten Schweiz einen entsprechend bedeutenden Platz an der bevorstehenden internationalen Konferenz von Lake Success sichern könne (Matzinger 1990:57–58).

kommission (siehe Kapitel 2.4) unter Vorsitz des ETH-Schulratspräsidenten (heute ETH-Ratspräsident) an, zusammengesetzt aus Vertretern der Universitäten und der Privatwirtschaft (Matzinger 1990:55–59).

Die Argumente von Friedrich Traugott Wahlen wurden von zahlreichen interessierten Stellen rezipiert. Albert Matzinger[22] (1990:59) spricht von einem eigentlichen theoretischen Grundlagenpapier der frühen schweizerischen Entwicklungshilfepolitik. Basierend darauf formulierte Bundesrat Max Petitpierre ein erweitertes aussenpolitisches Konzept. Die Schweiz, die mit ihrer Neutralität zwar unbeschadet aus dem Zweiten Weltkrieg hervorgegangen war, hatte sich gegen Kriegsende durch ihre Position zunehmend isoliert. International wurden Stimmen laut, welche die Neutralität scharf kritisierten. Deshalb wollte Petitpierre diese neu legitimieren und ihr mit Massnahmen als Zeichen internationaler Solidarität zu neuem Glanz verhelfen (Kalt 2010:219/224; Matzinger 1990:11–14).

Dass damit ein Engagement des Bundes hinsichtlich der technischen Unterstützung wirtschaftlich weniger entwickelter Gebiete unerlässlich wurde, war allgemein anerkannt. Verschiedene Stellen glaubten jedoch, darüber hinaus einen Nutzen für die schweizerische Wirtschaft erkennen zu können. Einige involvierte Institutionen wie der Vorort (seit 2000 Economiesuisse) perzipierten die technische Hilfe als normale privatwirtschaftliche Tätigkeit[23] und bevorzugten im Zweifelsfall bilaterale vor multilateralen Aktivitäten. Von Beginn an herrschte in der Schweiz aber Einigkeit darüber, dass es sich davon zu distanzieren galt, technische Hilfe als ideologisches oder machtpolitisches Mittel einzusetzen (Matzinger 1990:80–82; Moser 1993:85).

2.3 Der Auftakt der bilateralen Schweizer Entwicklungshilfe

Erste Vorbereitungen für eine bilaterale Entwicklungshilfe der Schweiz begannen 1948. Im Herbst des Jahres ersuchte die nepalesische Regierung den Bundesrat um die Entsendung von Fachleuten, welche Vorschläge für die wirtschaftliche Entwicklung des Berglands am Himalaya ausarbeiten sollten (Högger 1975:13).[24] Armin Daeniker, der Schweizer Botschafter in Indien, informierte am 20. September 1948 aus Neu-Delhi die Handelsabteilung des Eidgenössischen Volkswirtschaftsdepartementes EVD (seit 2013 Eidgenössisches Departement für Wirtschaft, Bildung und Forschung WBF) in Bern vom bevorstehenden Schweiz-Besuch eines gewissen K.U. Advani, eines indischen Staatsangehörigen, der als offizieller Vertreter der nepalesischen Regierung geeignete Fachleute ansprechen wollte.[25]

---

22 Albert Matzinger beschreibt 1990 in seiner Dissertation „Die Anfänge der schweizerischen Entwicklungshilfe" detailliert die ersten Initiativen staatlicher und privater Institutionen im Feld der bilateralen und multilateralen Entwicklungszusammenarbeit.
23 Analog beurteilte die oppositionelle Republikanische Partei das *Point Four Program* der Truman-Administration als sozialistisch und forderte, die Durchführung müsse alleinige Angelegenheit privater amerikanischer Unternehmen sein ohne die Beteiligung staatlicher Behörden (Moser 1993:80).
24 Die Behörden fühlten sich durch diese Anfrage einigermassen überrumpelt, denn der Gedanke der internationalen Entwicklungszusammenarbeit war in der Schweiz zu jener Zeit noch wenig bekannt (Högger 1975:13).
25 Armin Daeniker erklärte den Wunsch der nepalesischen Regierung nach industrieller Entwicklung mit der Initiative der nepalesischen Gurkha-Soldaten, die im Zweiten Weltkrieg in britischen und indischen

In der Schweiz angekommen, traf sich Advani mit Vertretern verschiedener offizieller Stellen, darunter Angehörigen der Handelsabteilung des EVD, welche sich sodann mit der ETH Zürich, einer Reihe grösserer Firmen und interessierten Einzelpersonen in Verbindung setzten.

Am 6. November 1948 wurde der Architekt Walter Custer hinzugezogen, der erst kurz zuvor von einem beruflichen Aufenthalt aus Indien und Ceylon (seit 1972 Sri Lanka) zurückgekehrt war. Dies sollte sich für die weitere Entwicklung des Geschehens als entscheidend erweisen (Matzinger 1990:41–42). Custer gehörte damals zu den wenigen Schweizern, die sich bereits mit dem Begriff der Entwicklungshilfe beschäftigt hatten. Für ihn war klar, dass Nepal zur Planung und Initiierung eines Entwicklungsprozesses ein fachkundiges Team benötigte (Hagen 1992:15).[26]

2.4 Die Koordinationskommission als Lenkungsorgan der technischen Hilfe

Am 26. Januar 1950 trafen sich erstmals Vertreter der Abteilung für internationale Organisationen AIO aus dem EPD mit Angehörigen der ETH Zürich zu einem Gedankenaustausch über die technische Hilfe der Schweiz. Daraufhin verfassten die Vertreter der ETH, Schulratspräsident Prof. Hans Pallmann und Dr. Arnold Muggli, am 14. Februar 1950 einen Bericht mit dem Titel „Mitwirkung der Schweiz bei der technischen Hilfe für zurückgebliebene Gebiete", in welchem sie die Konsequenzen einer Beteiligung der Schweiz am EPTA darlegten (Matzinger 1990:62).[27] Sie forderten ein initiatives Vorgehen und empfahlen auf bilateraler und multilateraler Ebene eine enge Zusammenarbeit zwischen

---

Diensten weit herumgekommen waren und mit neuen Ansprüchen in ihre Heimat zurückkehrten (Matzinger 1990:41). Diese Gurkha-Offiziere waren es, die den letzten Maharaja Nepals, Mohun Shamsher Jang Bahadur Rana, schliesslich dazu bewogen, etwas für die Entwicklung seines Landes zu tun. Zugleich konnte dieser damit auch beginnenden Unruhen vorbeugen. Der Freiheitsgedanke, der in Indien zur Befreiung vom englischen Kolonialregime geführt hatte, wurde von Politikern im Terai, dem nepalesischen Tiefland entlang der indischen Grenze, nach Nepal hinein getragen. Der Maharaja verstand die Zeichen der Zeit und richtete ein *Development Board* ein, dem sein Sohn, General-Major Bijaya Shamsher, vorstand. Dieser traf in Indien beim Tennisspiel auf den indischen Geschäftsmann K.U. Advani, der Nepal seine Dienste als Entwicklungsberater anbot, 1948 als offizieller Vertreter des Maharaja nach England reiste und anschliessend in der Schweiz Kontakte aufnahm (Hagen 1992:14).

26 Walter Custer wollte nicht zwischen entwickelten und unterentwickelten Ländern unterscheiden. Er sprach von „wirtschaftlich und sozial ausgeglichenen oder unbefriedigenden Regionen". Den damals gebräuchlichen Begriff „technische Hilfe" verstand er nicht beschränkt auf das Gebiet der Technik, sondern als umfassende Hilfe. Am 4. Dezember 1948 verfasste er ein erstes Memorandum: „A Swiss Mission to Nepal for General Planning and Technical Development. Layout for the Formation of a Team and its Tasks (Hagen 1992:15; Matzinger 1990:43/111; Möckli 2005:10)."

27 Hans Pallmann und Arnold Muggli zogen das Fazit, dass sich die Schweiz bei der bevorstehenden internationalen Konferenz von Lake Success (siehe Fussnote 18) nur dann den gebührenden Einfluss sichern könne, wenn sie an „diesem internationalen Wettlauf für den Ausbau der wirtschaftlich zurückgebliebenen Gebiete" mitwirke (Matzinger 1990:63). Des Weiteren müsse damit gerechnet werden, dass sich zu einem späteren Zeitpunkt nur noch mit grössten Schwierigkeiten Zugang zu den Märkten der hilfeempfangenden Länder zu verschaffen sei (Moser 1993:85).

Bundesbehörden, Wissenschaft und Wirtschaft. Zu diesem Zweck sollte nach Anregung Friedrich Traugott Wahlens eine Koordinationskommission geschaffen werden, welche alle Anfragen zu technischer Hilfe sammeln, diese koordinieren und eigene, den schweizerischen Verhältnissen angepasste Projekte entwickeln sowie Equipen entsenden konnte (Matzinger 1990:63).[28]

Die Bildung eines solchen Gremiums war unumgänglich, weil in der Schweiz eine offizielle Stelle für den Kontakt mit der Regierung Nepals fehlte. Infolgedessen leitete Hans Pallmann am 20. Juli 1950 die erste Sitzung der Koordinationskommission.[29] In einem vorbereitenden Bericht erörterte er, weshalb sich Nepal für die bilaterale technische Hilfe der Schweiz anbiete. Obwohl kein unmittelbarer Nutzen zu erwarten sei, bestehe doch ein öffentliches Interesse. Der schweizerischen Wissenschaft und Technik würde sich in Nepal ein vielseitiges, unberührtes Feld für Forschungen eröffnen. Durch das Projekt sollte die Anbindung eines sich langsam entwickelnden Wirtschaftspartners der Zukunft sichergestellt werden. Pallmann versprach sich ausserdem positive Auswirkungen auf das internationale Renommee der Schweiz und hoffte, durch die in Nepal gewonnenen Kenntnisse schweizerischer Experten den Vorsprung der USA auf dem Gebiet der bilateralen Hilfe zu verkleinern.[30] Nachdem die Finanzierung der initial benötigten 50'000 Franken durch den Bund geregelt war, stimmten die Kommissionsmitglieder der Nepal-Mission zu (BAR 1950; Hagen 1992:18–19; Matzinger 1990:107–109).[31]

---

28 Die Koordinationskommission hatte sich mit allen Fragen zu befassen, welche mit der Verfolgung der Schweizer Landesinteressen bei der Unterstützung wirtschaftlich schwacher Länder zusammenhingen (Matzinger 1990:77).
29 Mitglieder der Koordinationskommission waren Prof. Pallmann (Präsident), Direktor Zipfel (DfA), Direktor Kaufmann (BIGA), Minister Zutter (AIO), Vizedirektor Keller (ALW), Sektionschef Rösch (Finanzverwaltung), Ständerat Speiser (Direktor der BBC, seit 1988 ABB), Direktor Schmidheini (Delegierter der Firma Heinrich Wild AG, seit 1997 Leica Geosystems AG) und Prof. Gutersohn (ETH) (BAR 1950; Matzinger 1990:79).
30 Hans Pallmann war überzeugt, dass im angrenzenden Indien und auch in anderen Ländern der wissenschaftliche und technische Ruf der Schweiz profitieren würde von der „guten schweizerischen Arbeit" in Nepal. Er sah aber nicht nur Vorteile in Forschung und Ökonomie, sondern auch in der Politik. So postulierte er, dass die UNO die Anstrengungen in Nepal anerkennen werde und es der Schweiz auf solche Weise gelinge, zu beweisen, dass der Goodwill der neutralen Staaten wertvolle Dienste leisten könne (Matzinger 1990:107–108).
31 Toni Hagen (1992:18) erwähnt, dass die Bundesvertreter in der Mission nach Nepal stets einen Nutzen für die Schweiz erkennen wollten und es in der konstituierenden Sitzung der Koordinationskommission die beiden Vertreter der Wirtschaft waren, die richtungsweisende Voten machten. Der Direktor der BBC, Ständerat Speiser, war für die Mission, weil er in Nepal ein günstiges Versuchsprojekt sah und die schweizerische Aktion ohne politische Hintergründe durchgeführt werden konnte. Direktor Schmidheini der Heinrich Wild AG äusserte den Standpunkt, dass ein rein ideelles Interesse für die Durchführung des Unternehmens wegleitend sein müsse und aus wirtschaftlicher Sicht vorerst nicht viel zu erwarten sei.

2.5 Das Swiss Nepal Forward Team als Wegbereiter der Entwicklungshilfe in Nepal

Da die Erwartungen und Bedürfnisse Nepals sehr unklar waren, einigte man sich 1950, eine kleine Expertengruppe, genannt *Swiss Nepal Forward Team*, für ein bis zwei Monate ins Land zu senden, um die Aufgaben mit der dortigen Regierung festzulegen und die Vertragsbedingungen für schweizerische Fachleute abzuklären.[32] Diese Reise markierte den Auftakt der bilateralen Schweizer Entwicklungshilfe,[33] und dies in einem Staat, der bis dahin gewissermassen der Aussenwelt verschlossen war.[34] Das von Walter Custer definierte Konzept des Teams lautete wortgetreu folgendermassen (BAR 1950; Hagen 1992:13/15–16; Matzinger 1990:43/112–113; Möckli 2004:16):

1. Objekt der Hilfe: Geografische Regionen mit unbefriedigenden Lebensbedingungen. Diese Bedingungen sind:
– Zu tiefes Einkommen (im Verhältnis zu den Bedürfnissen)
– Geringe Produktivität
– Zu wenig Ressourcen oder Ressourcen zu wenig ausgenutzt (letzteres teilweise durch „traditionelle Vorurteile und Sitten" bedingt)
– Unkenntnis über Möglichkeiten zur Verbesserung der eigenen Situation
– Fehlen von Ersparnissen, die investiert werden könnten

2. Art der Hilfe: Wir sehen unausgenützte Reserven und Hilfsquellen in den notleidenden Gebieten. Wir wissen, dass andere Gebiete unter ähnlichen Bedingungen ihre Lage verbessern konnten. Wir kennen neuere Methoden, die in der westlichen Welt entwickelt und angewandt wurden und die es erlaubt haben, die Lebensbedingungen zu ändern und zu verbessern. Wir glauben an die teilweise Übertragbarkeit dieser Erfahrungen und Kenntnisse.

---

32 Walter Custer hatte bis Ende 1948 eine Expertengruppe zusammengestellt, die neben ihm Ing. agr. Emil Rauch, Ing. Werner Schüepp, Ing. Alf de Spindler und Dr. nat. oec. H. Vogel umfasste. Anfang 1949 kamen Dr. Toni Hagen und Karl Weissmann hinzu. Schüepp, Vogel und Weissmann schieden später wieder aus (Hagen 1992:16; Matzinger 1990:43/111).

33 Bislang fehlte bei der Direkthilfe des Bundes eine erkennbare Strategie. Seit 1948 wurden zwar kleine Expertenmissionen mit Fachleuten meist aus dem Umfeld der ETH Zürich nach Ceylon (Wasserexperten), nach Argentinien (Meteorologen), in den Libanon (Tourismusfachleute) und den Iran (Kartografen) entsandt (DEZA 2011b); dabei blieb der Fokus aber stark auf die Schweiz gerichtet. Die technische Hilfe sollte Aufträge sichern und Arbeitsplätze schaffen. Im Gegensatz dazu realisierte das vierköpfige *Swiss Nepal Forward Team* selbständig Entwicklungshilfe nach eigenen Plänen und eröffnete so neue Perspektiven in der praktischen Durchführung bilateraler Hilfe. Es sollte für längere Zeit die letzte Expertenmission der Schweiz bleiben (Matzinger 1990:105–107/129/138).

34 Armin Daeniker, der Schweizer Botschafter in Indien, beschrieb 1949, als sich gewisse Pläne für Nepal abzeichneten, das Land wie folgt: „Es gibt nur eine einzige Bahnlinie, die nicht einmal die Hauptstadt Kathmandu erschliesst, und erst zu Beginn des Jahres ist zum ersten Mal ein Flugzeug in Nepal gelandet." Mit einer Alphabetenrate von etwa 2%, praktisch keinen Facharbeitern (über 90% der Bevölkerung arbeiteten im Landwirtschaftssektor), rudimentärstem Kommunikationssystem (Postläufer) und beinahe keiner Elektrizität war Nepal nach damaligem Verständnis ein Musterbeispiel für ein „rückständiges Gebiet" (Hagen 1992:15; Matzinger 1990:41).

Nach einigen Zu- und Abgängen bestand das *Swiss Nepal Forward Team* aus dem Architekten Walter Custer, dem Geologen Toni Hagen, dem Agronomen Emil Rauch und dem Bauingenieur Alf de Spindler (Hagen 1992:16; Högger 1975:13; Möckli 2004:16–17). Die Gruppe flog am 24. Oktober 1950 mit 500 kg Expeditionsgepäck nach Indien und traf am 29. Oktober in Kathmandu ein. Bereits einen Tag später wurde sie zur ersten Audienz beim Maharaja Mohun Shamsher Jang Bahadur Rana empfangen (Hagen 1992:27/34; Matzinger 1990:111).

In der Folgezeit unternahm Toni Hagen mehrere Erkundungs-Expeditionen und konnte mit einem Vermessungsflugzeug erstmals die geografische Gliederung Nepals dokumentieren.[35] Emil Rauch verfasste einen Bericht über die Landwirtschaft, der später die Grundlage des FAO-Programms in Nepal bildete. Alf de Spindler machte Untersuchungen zu einer Strassenverbindung in Kombination mit einem Wasserkraftwerk. Am meisten Potential konstatierte das Team in der Optimierung der Landwirtschaft (Bewässerungsprojekte) und im Ausbau der Wasserkraft (Laufkraftwerke). Walter Custer fasste die Erkenntnisse in einem Gesamtbericht zusammen (Hagen 1992:41–42).[36]

Die Anwesenheit des *Swiss Nepal Forward Teams* fiel in eine Zeit innenpolitischer Unruhen, die teilweise in den Beziehungen Nepals zu Indien begründet waren (Matzinger 1990:113). Bereits im Vorfeld der Mission sah sich die Gruppe mit der politischen Einmischung Indiens in Nepal konfrontiert.[37] Während des Aufenthaltes zeigte sich dann, dass Nepal versuchte, aus seinen einseitigen Beziehungen mit dem grossen Nachbarn im Süden herauszutreten.[38] Zu diesem Zweck kam der nepalesischen Regierung das Engagement der kleinen, neutralen Schweiz, die selbst nie Kolonien besessen hatte, sehr gelegen (BAR 1962c:4; Hagen 1992:43; Matzinger 1990:49).

Am 15. Dezember 1950 wurde das *Swiss Nepal Forward Team* offiziell aufgelöst.[39] Später brachte die nepalesische Regierung in einem Dankesschreiben an die Koordinations-

---

35 Toni Hagen (1992:18/36) erläutert, dass „der Maharaja und die ganze Rana Sippe" vorwiegend an Bergbau und Erdölexploration interessiert gewesen seien, mit dem Ziel vor Augen möglichst rasch zu viel Geld zu kommen. Nichts wurde unterlassen, um ihm seine Expeditionen möglichst angenehm zu gestalten und ihn bei der „Goldsuche" zu ermuntern. Eine ganze Kompanie Gurkha-Soldaten mit etwa 200 Trägern schleppte eine luxuriöse, leider aber unzweckmässige Ausrüstung mit. Noch in der Schweiz schien jedoch für Toni Hagen (1992:21/38) festzustehen, dass der Bergbau in Nepal nicht die Bedeutung erlangen würde, welche sich die Regierung erträumte. Die Exkursionen im Kathmandu-Tal, nach Kulikani und ins Trisuli-Tal bestätigten seine Annahmen.

36 Walter Custer setzte sich im Weiteren für das von der Regierung Nepals neu gegründete *Development Board* (siehe Fussnote 25) ein, welches im Bereich internationale Organisationen hinsichtlich Beitrittsgesuchen und Mitgliedschaften der Unterstützung bedurfte (Hagen 1992:43).

37 Indien signalisierte, dass es an der Entwicklung Nepals ebenfalls sehr interessiert sei. Deshalb äusserte der Ministerpräsident Jawaharlal Nehru gegenüber dem Schweizer Botschafter in Neu-Delhi den Wunsch, das *Swiss Nepal Forward Team* um zwei indische Experten zu ergänzen. Dem Begehren wurde nicht stattgegeben, weil es nicht mit einer politisch neutralen Mission vereinbar gewesen wäre (Hagen 1992:19; Matzinger 1990:114).

38 Indien war bestrebt aus Nepal einen Satellitenstaat zu machen. Zu jener Zeit kontrollierte es den gesamten nepalesischen Devisenverkehr, und die einzige Poststelle Kathmandus befand sich in der indischen Botschaft (Matzinger 1990:113–114). Noch heute ist Nepal wirtschaftlich und finanziell vom Ausland und dabei insbesondere von Indien abhängig (Schöler 2008:35).

39 Toni Hagen (1992:44) verlängerte seinen Aufenthalt um weitere drei Monate bis April 1951. Anfang

kommission ihre grosse Zufriedenheit mit der von den Schweizern geleisteten Arbeit zum Ausdruck.[40] Trotzdem gaben sich die Mitglieder der Kommission zurückhaltend bezüglich einer Fortsetzung der Arbeit in Nepal (Hagen 1992:43–44/48).[41] Existierende Pläne wurden schrittweise zurückgestuft oder fallengelassen. Schliesslich kam es zum vorläufigen Ende des ersten bilateralen Entwicklungshilfeprogramms der Schweiz (DEZA 2011c; Matzinger 1990:125/129).

Allerdings ermöglichte der ebenfalls 1950 entrichtete multilaterale helvetische Beitrag von einer Million Franken an das EPTA (siehe Kapitel 2.1) die Finanzierung schweizerischer Fachleute, welche ab 1952 im Rahmen der FAO erste praktische Schritte zur Verbesserung der nepalesischen Milchwirtschaft unternahmen.[42] Verschiedene vom *Swiss Nepal Forward Team* angeregte land- und viehwirtschaftliche Massnahmen konnten so durch die FAO realisiert werden (Högger 1975:13; Matzinger 1990:38–40).

2.6 Das Schweizerische Hilfswerk für aussereuropäische Gebiete als Vorreiter im Bereich Öffentlichkeitsarbeit

Mit Ausnahme der Durchführung einiger Expertenmissionen ab 1948 (siehe Fussnote 33) beschränkte sich die schweizerische Entwicklungszusammenarbeit bis Mitte der 1950er Jahre – mit den bilateralen und multilateralen technischen Hilfeleistungen des Bundes und den humanitären Aktionen der Schweizer Europahilfe SEH[43] – vorwiegend auf Europa (Däniker und Stocker 1993:175). Erst 1955 wurde, angeregt durch Erfahrungen wie jenen des *Swiss Nepal Forward Teams*, auf privater Basis das Schweizerische Hilfswerk für aussereuropäische Gebiete SHAG (seit 1965 Helvetas) gegründet.[44] In Form von ersten Geldbeträgen und zusätzlichem Arbeitsmaterial erhielten die in Nepal tätigen FAO-

---

1952 kehrte er erneut nach Nepal zurück und arbeitete fortan als Geologe im Auftrag der Regierung (Hagen 1992:49/54).

40 Die Wertschätzung drückte sich sogar im Sprachgebrauch aus. Bis 1950 war es einzig den Engländern erlaubt, Nepal zu betreten, weshalb alle hellhäutigen Fremden als *englishmen* bezeichnet wurden. Als die Amerikaner eintrafen, nannte man sie *very rich englishmen*. Die ersten Schweizer wurden dann bekannt unter dem Namen *very hard working englishmen* (Hagen 1992:43; Matzinger 1990:119).

41 Otto Zipfel (siehe Fussnote 29) lehnte eine weitere finanzielle Unterstützung des Projekts ab. Nachdem die bisherige Finanzierung von 50'000 Franken aus seinem Budget bestritten worden war, wandte er ein, dass eine Weiterführung die Möglichkeiten der Schweiz überträfe und in keinem Verhältnis zum möglichen Gewinn stünde (Hagen 1992:48).

42 Die Schweizer Beteiligung am EPTA war verknüpft mit der Bedingung, die Geldmittel ausschliesslich für schweizerische Dienstleistungen – seien es Experten, Stipendien oder technische Ausrüstungen – zu verwenden (BAR 1950:2; Moser 1993:86).

43 Die SEH entstand 1947 aus der Schweizer Spende, die im kriegszerstörten Europa Nothilfe geleistet hatte, und war Dachorganisation der damals tätigen Schweizer Hilfswerke. 1956 erhielt der Verein infolge der Erweiterung seines Tätigkeitsgebiets den neuen Namen Schweizer Auslandhilfe SAH. 1969 erfolgte die Umbenennung in SWISSAID (BAR 1962a:7; Swissaid 2011).

44 Der Zweckartikel der Vereinsstatuten des SHAG lautete: „Der Verein will einen schweizerischen Beitrag an die materielle, soziale und kulturelle Entwicklung wirtschaftlich benachteiligter Völker ausserhalb Europas leisten (Däniker und Stocker 1993:180)." Im Wesentlichen entspricht dieser noch immer dem viel ausführlicheren Zweckartikel der aktuellen Statuten vom 9. April 2011 (Helvetas 2011).

Schweizer kurz darauf erstmals Unterstützung vom SHAG. Das private Projekt bildete somit einerseits den Anschluss an die offizielle nepalesische Expertenmission der Schweiz und stellte andererseits eine Ergänzung der Tätigkeiten der FAO dar. In den folgenden Jahren wurde die Zusammenarbeit zwischen SHAG und FAO beim Aufbau von Bergkäsereien sowie einer zentralen Milchversorgung Kathmandus immer enger und führte schliesslich zur Formulierung eines eigenen, von den Vereinten Nationen unabhängigen, schweizerisch-nepalesischen Aufbauprogramms (Däniker und Stocker 1993:182; Högger 1975:14; Möckli 2005:9).[45]

Es ist das Verdienst des SHAG, weite Bevölkerungskreise und die Behörden der Schweiz für die Notwendigkeit einer aussereuropäischen Entwicklungshilfe sensibilisiert zu haben. Nach anfänglich vergeblichen Bemühungen, Personen des öffentlichen Lebens für eine Mitarbeit zu gewinnen, verstand es das SHAG bald vorzüglich, Politiker sowie Professoren für die Übernahme von Mandaten im Vorstand zu gewinnen. Die politisch gute Vernetzung wurde begünstigt durch die Gründung eines Patronatskomitees, dem viele bekannte Persönlichkeiten, darunter Bundesparlamentarier, angehörten. Die Öffentlichkeitsarbeit des SHAG zwang die Behörden, auf den Koordinationsbedarf der schweizerischen Entwicklungshilfeleistungen zu reagieren. Mitte 1956 organisierte Bundesrat Petitpierre eine Zusammenkunft zwischen Bund und privaten Hilfswerken, an welcher er auf das SHAG und die SEH erheblichen Druck hinsichtlich der Abstimmung ihrer Tätigkeiten ausübte. Wenig später trat das SHAG als gleichberechtigtes Mitglied der SEH bei, welche sich fortan Schweizer Auslandhilfe SAH nannte (Däniker und Stocker 1993:177–178/180–184).

Durch diesen Verzicht auf eine eigenständige Entwicklungspolitik gelang es dem SHAG, die Akzeptanz der Behörden zu erlangen und diese davon zu überzeugen, dass seine Projekte den Zielen der technischen Hilfe des Bundes entsprachen. Nachdem Forderungen auf generelle Beiträge von der Koordinationskommission (siehe Kapitel 2.4) abgelehnt wurden, beschloss diese Ende 1956, das Nepalprojekt des SHAG im Folgejahr mit einem Beitrag von 50'000 Franken zu unterstützen.[46] Damit erhielt zum ersten Mal ein privates Hilfswerk eine Subvention aus dem Bundeskredit für bilaterale technische Hilfe. Durch die Form des fallweisen gebundenen Kredits entgingen die Behörden allfälligen Verwaltungskosten und sicherten sich dennoch die Kontrolle über die Verwendung gesprochener Gelder (BAR 1962a:5; 1965:2; Däniker und Stocker 1993:186–188).

---

45 Der Fokus des SHAG lag bei der Land- und Forstwirtschaft, bei der Errichtung von Hängebrücken, von Erschliessungsstrassen, Brunnen und Lehrwerkstätten. Die junge Hilfsorganisation zeichnete sich aus durch die Förderung der bäuerlichen Wirtschaft und den Aufbau dörflicher Infrastruktur (Möckli 2005:13).

46 Im Jahr 1962 erhielt das SHAG für das Nepalprojekt weitere 440'000 Franken (BAR 1962d).

2.7 Auswirkungen der sich wandelnden Erwartungen auf die Organisation der Entwicklungszusammenarbeit

Da es sich anfänglich bei der technischen Hilfe des Bundes meist nur um die Aufnahme von Stipendiaten aus Entwicklungsländern an Schweizer Hochschulen handelte, lag die Zuständigkeit zunächst bei der ETH Zürich. Von 1954 bis Ende 1959 war vorrangig das Bundesamt für Industrie, Gewerbe und Arbeit BIGA im Eidgenössischen Volkswirtschaftsdepartement EVD mit den entsprechenden Aufgaben betraut. Erst 1960 wurde der mittlerweile auf die ETH und mehrere eidgenössische Verwaltungsdepartemente aufgeteilte Kompetenzbereich dem Eidgenössischen Politischen Departement EPD übertragen. Zu diesem Zweck wurde im EPD in der Abteilung für internationale Organisationen AIO der Dienst für technische Hilfe gegründet, den man 1961 in Dienst für technische Zusammenarbeit DftZ (seit 1996 DEZA) umbenannte und zur Aufwertung mit einem Delegierten des Bundesrats versah (BAR 1962a:6; DEZA 2011d; Möckli 2004:9; Renschler 1966:43). Entsprechend dem Einfluss des EVD war die staatliche technische Hilfe der Schweiz also zunächst ein Mittel der Aussenwirtschaftspolitik (Kalt 2010:220).

An der Verschiebung der Verantwortlichkeiten von Wissenschaft (ETH) hin zu Wirtschaft (EVD) und dann Politik (EPD) kann indirekt der Wandel der verwaltungsinternen Erwartungen gegenüber der Entwicklungszusammenarbeit nachvollzogen werden. Walter Renschler[47] (1966:44–46) nennt verschiedene Gründe für die Schaffung des neuen, organisatorisch klar zugeordneten Verwaltungszweigs DftZ und dessen direkte Unterstellung unter den Bundesrat. Die beiden wichtigsten scheinen mir einerseits, dass der Bundesrat das Parlament um einen dreijährigen Rahmenkredit ersuchte, welcher mit 60 Millionen Franken die bisherigen Aufwendungen für die technische Zusammenarbeit weit überstieg, und andererseits, dass dem Leiter des Dienstes, dank seiner Ernennung zum Delegierten des Bundesrats, nach aussen ein repräsentatives Gewicht verliehen wurde, welches es ihm ermöglichte, mit Beamten und Ministern von Entwicklungsländern auf Augenhöhe zu verhandeln (BAR 1962d).

Sowohl in den USA als auch in der Schweiz war der ursprüngliche Anlass für bilaterale und multilaterale Anstrengungen in der Entwicklungszusammenarbeit weniger der humanitäre als vielmehr der ökonomische Gedanke. Friedrich Traugott Wahlen musste, um den Bund zur Mitwirkung zu bewegen, ein wirtschaftliches Szenario prognostizieren, welches die Vorherrschaft der USA in den vom Westen bis anhin unerschlossenen Märkten vorhersagte (Moser 1993:86). Mit ihrer Beteiligung an der Finanzierung des EPTA setzte sich die Schweiz 1950 erstmals im Rahmen multilateraler Hilfe ein. Dass die bilaterale Entwicklungshilfe ihren Anfang in Nepal fand, war keine aktive Entscheidung der schweizerischen Bundesbehörden. Vielmehr leisteten diese mit der Entsendung des *Swiss Nepal Forward Teams* 1950 einer Einladung der nepalesischen Regierung von 1948 Folge.

---

47 Walter Renschler (1932–2006) gibt 1966 in seiner Dissertation „Die Konzeption der technischen Zusammenarbeit zwischen der Schweiz und den Entwicklungsländern" eine Übersicht über die staatlichen und privaten Träger der damaligen technischen Entwicklungszusammenarbeit, ergründet deren Motive und untersucht das Verhältnis zwischen bilateraler und multilateraler Hilfe. Später war er Nationalrat der Sozialdemokratischen Partei SP (1967–1987) und Helvetas-Vizepräsident (1968–2001).

3 Exkurs I – Tibetische Flüchtlinge in Nepal

China und Tibet teilen eine komplexe gemeinsame Vergangenheit, die, wie sich immer wieder zeigt, sehr unterschiedlich ausgelegt wird. Oft unterscheiden sich die Positionen in der ungleichen Bewertung spezifischer Ereignisse. Dies erlaubt und erfordert eine Betrachtung und Interpretation der Geschichte aus geradezu gegensätzlichen Perspektiven.[48] Die Beurteilung der Legitimität dieser unterschiedlichen Sichtweisen und der daraus abgeleiteten Ansprüche ist nicht Teil dieser Arbeit. Das tibetische Hochplateau war für die grossen Mächte Asiens – China, Indien und Russland – seit jeher von besonderem strategischem Interesse. Unbestritten ist, dass der politische Status Tibets nach dem Zusammenbruch der Qing-Dynastie 1911 endgültig von einer regionalen zu einer internationalen Streitfrage wurde (Goldstein und Beall 1991:50; van Walt van Praag 1987:xvii).

Dieser erste Exkurs liefert einen Abriss zur jüngeren Geschichte Tibets. Der Anfangszeitpunkt ist so gewählt, dass er zusammenfällt mit dem Einmarsch der Briten in Lhasa 1904, welcher für die vorliegende Arbeit aus mehreren Gründen von Relevanz ist: Einerseits galt das britische Interesse nicht zuletzt dem Handel mit tibetischer Wolle (siehe Fussnote 124), andererseits beeinflusste die Anwesenheit der britischen Kavallerie von Major Younghusband später die Form der tibetischen Untersatteldecken für Pferde (siehe Fussnote 111), und schliesslich werden zwei der heute ältesten datierten Tibet-Teppiche der Younghusband-Expedition zugeschrieben (siehe Fussnote 105). Beginnend mit dem Ende des 19. Jahrhunderts, behandelt der Exkurs die Zeit bis zum Tibet-Aufstand von Lhasa 1959, als der 14. Dalai Lama ins Exil floh. Dieses Ereignis markierte den Anfang der

---

48 Neben der Frage der Unabhängigkeit Tibets, deren Ursprung im weiteren Verlauf dieses Exkurses beschrieben wird, wird auch dessen territoriale Grösse disputiert. Chinas vierte Volkszählung, der Zensus von 1990, zählte 4.6 Millionen Tibeter, 46% im Autonomen Gebiet Tibet und 54% in den westchinesischen Provinzen Qinghai, Gansu, Sichuan und Yunnan. Daneben leben seit Jahrhunderten auch tibetische Bevölkerungsgruppen in Indien, Nepal und Bhutan. Das Autonome Gebiet Tibet, wie es die chinesische Regierung 1965 schuf, entspricht ungefähr jener Region, die der Dalai Lama in den 1930er und 1940er Jahren regierte – bis 1950 die Volksbefreiungsarmee siegreich aus dem Gefecht von Chamdo herausging (siehe Kapitel 3.6) – und umfasst etwa die Hälfte des tibetischen Kulturraums, nämlich Ngari, Ü-Tsang, weite Teile des Changthangs sowie den westlichen Teil Khams, nicht aber den östlichen Teil Khams, der grösstenteils im Westen der Provinz Sichuan liegt, noch Amdo, das mehrheitlich der heutigen Provinz Qinghai entspricht. Währenddessen China den Begriff Tibet auf das Autonome Gebiet Tibet beschränkt, versteht die tibetische Exilregierung in Dharamsala unter Tibet den gesamten Kulturraum, was laut chinesischer Regierung rund einen Viertel des chinesischen Territoriums betreffen würde (Chen 2004:215; Goldstein und Beall 1991:184; Goldstein 1997:x–xii; NZZ 2008). Aufgrund solch unterschiedlicher Annahmen rührt wenigstens teilweise die Verwirrung zu quantitativen Angaben rund um Tibet (siehe Fussnoten 94 und 95). Beispiel: Die Exilregierung proklamiert für Tibet eine Landfläche von 2.5 Millionen Quadratkilometern inklusive Kham und Amdo sowie eine Bevölkerung von 6 Millionen. Das Autonome Gebiet Tibet ist aber nur 1.2 Millionen Quadratkilometer gross. Gemäss fünfter chinesischer Volkszählung von 2010 leben darin 2.62 Millionen Menschen, wovon 95% Tibeter sind (Chen 2004:1; CTA 2012b).

Flüchtlingswellen über den Himalaya nach Indien, Nepal und Bhutan. Der Exkurs dient auch als Einführung zum nächsten Teil dieser Arbeit, der den Beginn der schweizerischen Entwicklungszusammenarbeit mit tibetischen Migranten in Nepal erläutert.

3.1   Das anglo-tibetische Abkommen von 1904 und das anglo-chinesische Abkommen von 1906

Im späten 19. Jahrhundert erstarkte der britische Einfluss auf dem indischen Subkontinent. Das Kolonialreich dehnte sich allmählich bis zur Grenze Tibets aus. Bereits 1861 genehmigte die britische Kolonialregierung in der Hoffnung auf einen lukrativen indo-tibetischen Handel eine Erkundungsmission von Indien nach Lhasa, unter der Bedingung, dass China dafür sein Einverständnis erklärte.[49] 1876 erlangte Grossbritannien die Zustimmung Chinas, sodass 1886 ein Expeditionsteam zusammengestellt wurde, welches von Sikkim aus nach Tibet vordringen sollte. Dabei kam es in der Grenzregion zu bewaffneten Auseinandersetzungen mit tibetischen Verbänden, welche 1890 zu Verhandlungen zwischen Grossbritannien und China führten, in welchen China das britische Protektorat über Sikkim anerkannte und eine Einigung über den Grenzverlauf zwischen Sikkim und Tibet erzielt wurde.[50] Die Tibeter waren nicht Teil dieser Absprachen und verweigerten sich jeglicher Kooperation. Die Lage änderte sich erst, als 1899 Lord Curzon seinen Amtsantritt als neuer Vizekönig in Indien feierte und rasch realisierte, dass China de facto keine Kontrolle über Tibet ausübte. Folglich erwirkte er die Erlaubnis Londons, direkt mit Lhasa in Beziehung zu treten. Der 13. Dalai Lama, der 1895 die Macht als geistliches und weltliches Oberhaupt Tibets übernahm, zeigte wenig Interesse, mit den Briten Beziehungen aufzubauen, worauf es Lord Curzon 1903 gelang, London davon zu überzeugen, eine Expedition zu genehmigen, die in Tibet selbst Verhandlungen erzwingen sollte. Die Tibeter verweigerten jedoch weiterhin jegliches Gespräch, und so führten die britischen Offiziere unter Führung von Major Younghusband ihre indischen Truppen immer weiter ins Landesinnere.[51] Beim Versuch, den Vormarsch zu blockieren, erfuhren die Tibeter eine Reihe herber militärischer Niederlagen. Am 3. August 1904 marschierten die Briten in Lhasa ein (Goldstein 1997:22–23; van Walt van Praag 1987:33–34).[52]

Vor dem Eintreffen der Briten in Lhasa drängte die chinesische Regierung den 13. Dalai Lama wiederholt, mit Younghusband Gespräche aufzunehmen, um dessen Vormarsch zu

---

49 Indien sollte Wolle, Hörner, Felle, Gold, Moschus und medizinische Kräuter erhalten und Tibet im Gegenzug mit verarbeiteten Erzeugnissen und Tee versorgt werden. Ziel der Briten war es, den bedeutenden sino-tibetischen Teehandel abzuschöpfen. Chinas Einverständnis war deshalb von Interesse, da dieses seit 1727 einen Gesandten, den sogenannten *amban*, in Lhasa stationiert hatte, der in Tibet zeitweise weitreichende politische Befugnisse genoss (Goldstein 1997:15–22).

50 Die Briten erlangten auch das Recht, Beamte nach Yadong im äussersten Süden Tibets zu senden, um dort den Handel zu kontrollieren (Goldstein 1997:23; van Walt van Praag 1987:297–300).

51 Die tibetische Regierung insistierte, dass ein Dialog erst stattfinden könne, wenn die Briten das tibetische Territorium wieder verlassen hätten (van Walt van Praag 1987:33).

52 Grossbritannien war der erste und bisher einzige westliche Staat, der militärisch bis zu Tibets Hauptstadt vordrang (Goldstein 1997:23).

stoppen. China hatte zu jener Zeit allerdings nicht genügend Einfluss auf Tibet, um seinen Forderungen Nachdruck verleihen zu können. Der Dalai Lama handelte eigenständig und floh in die Mongolei,[53] da er befürchtete von den Briten zur Unterzeichnung unvorteilhafter Vereinbarungen gezwungen zu werden. Um den Abzug der Briten zu erwirken, unterschrieben die vom Dalai Lama bestimmten Vertreter in Lhasa dennoch das anglo-tibetische Abkommen von 1904.[54] Tibet musste das britische Protektorat über Sikkim akzeptieren und wurde zu Reparationszahlungen von 562´500 Pfund verpflichtet.[55] Solange diese nicht beglichen waren, sollte das nördlich an Sikkim angrenzende Chumbi-Tal bei Yadong von britischen Truppen besetzt bleiben. Eine weitere Klausel untersagte es jeglichen anderen ausländischen Mächten, in Tibet politischen Einfluss auszuüben.[56] Aufgrund dieser Vereinbarungen wurde Tibet gewissermassen Protektorat von Britisch-Indien. Die Regierung in London allerdings war, als sie von den heftigen Kämpfen in Tibet und von der Besetzung von dessen Hauptstadt ins Bild gesetzt wurde, einigermassen bestürzt, hatte sie Lord Curzon doch nie dazu autorisiert, bis nach Lhasa vorzustossen. Die britischen Interessen gingen über Indien hinaus, und so dementierte das Aussenministerium, nach Berücksichtigung der Lage Hongkongs und der Befindlichkeit Russlands, viele der durch den anglo-tibetischen Vertrag erlangten politischen Vorteile. Die Reparationszahlungen wurden auf 168´000 Pfund reduziert, und britischen Truppen war es während mehr als drei Jahren untersagt, das Chumbi-Tal zu betreten (Goldstein 1997:23–24; van Walt van Praag 1987:34–36).[57]

Der anglo-tibetische Vertrag wurde, da China diesen nicht anerkannte, zu einer Quelle diplomatischer Verstimmungen. Die britische Strategie war insofern widersprüchlich, als einerseits mit der tibetischen Führung direkte Verhandlungen geführt wurden – um die gewünschten Ziele zu erreichen – diese Verhandlungen jedoch andererseits durch das Einverständnis Chinas legitimiert werden sollten. Für China war die ganze Affäre eine weitere Demütigung aus der Hand westlicher Imperialisten.[58] Verantwortlich für die Situation war

---

53 Ziel seines Aufenthaltes in der Mongolei war eine Annäherung an den russischen Zaren, von welchem er sich Unterstützung gegen die Briten erhoffte (siehe Fussnote 60). Seine Bemühungen blieben jedoch erfolglos (Goldstein 1997:24/27).
54 Artikel IX besagt: „The Government of Tibet engages that, without the previous consent of the British Government: no portion of Tibetan territory shall be ceded, sold, leased, mortgaged or otherwise given for occupation, to any Foreign Power; no such Power shall be permitted to intervene in Tibetan affairs (van Walt van Praag 1987:300–304)."
55 Daneben sicherten sich die Briten das Recht, in den drei tibetischen Städten Gyantse, Gartok und Yadong Märkte unter Aufsicht britischer Beamten einzurichten. Handelsgesandte sollten auch Lhasa besuchen dürfen, um weitergehende Angelegenheiten besprechen zu können (Goldstein 1997:24; van Walt van Praag 1987:301).
56 Diese mehrdeutige Bestimmung missfiel der chinesischen Führung ganz besonders. Angesichts der Art und Weise, wie westliche Länder im vorhergehenden halben Jahrhundert mit dem chinesischen Kaiserreich umgegangen waren, war es nicht verwunderlich, dass Peking darin eine List erkannte, Tibet von China abgrenzen zu wollen (Goldstein 1997:25).
57 Ebenso wurde das Recht, Lhasa durch Handelsgesandte zu besuchen, von den Briten einseitig aufgehoben (Goldstein 1997:24–25).
58 Seit der Mitte des 19. Jahrhunderts erlitt China zahlreiche Erniedrigungen. Zwei Beispiele: Der Erste Sino-Japanische Krieg von 1894 bis 1895 endete mit dem Verlust Taiwans und horrenden Reparationszahlungen. Der Boxer-Aufstand 1900 hatte den Einmarsch einer multinationalen westlichen

aus Sicht der Qing-Regierung der 13. Dalai Lama, der es versäumt hatte, frühzeitig mit den Briten Verhandlungen aufzunehmen. Nun standen westliche Truppen vor den Toren Chinas und überblickten vom tibetischen Plateau aus Sichuan, eine der wichtigsten und fruchtbarsten chinesischen Provinzen. Zum Vorteil der chinesischen Führung entsprach es aber nicht Londons Politik, Tibet unter britische Vorherrschaft zu stellen, geschweige denn, es als unabhängige Nation anzuerkennen. Um die chinesischen Befürchtungen auszuräumen und Chinas Zustimmung zum anglo-tibetischen Abkommen von 1904 zu erwirken, bemühte sich Grossbritannien um Verhandlungen mit China. Diese Verhandlungen fanden ohne Beteiligung der tibetischen Regierung statt und gipfelten im modifizierten anglo-chinesischen Abkommen von 1906, welches Chinas politische Ansprüche auf Tibet legitimierte.[59] 1907 wurde die Situation durch das anglo-russische Abkommen internationalisiert (Goldstein 1997:25–26; van Walt van Praag 1987:36–38).[60]

Melvyn C. Goldstein (1997:25–26), Ethnologe und Tibet-Wissenschaftler, kommt zum Schluss, dass in einer Zeit, in der China realpolitisch nicht in der Lage war, effektive Macht in Tibet auszuüben, Grossbritannien unilateral bestimmte, dass Tibet China unterzuordnen sei.

Michael C. van Walt van Praag (1987:35/39), Spezialist für internationales Recht und innerstaatliche Konflikte, folgt in seiner Interpretation einer ähnlichen Argumentationslinie. Seiner Auffassung nach sprach die britische Regierung mit der Unterzeichnung des anglo-tibetischen Abkommens der tibetischen Regierung zunächst klar die Kompetenzen zu, unabhängig auf Vertragsverhandlungen einzutreten. Zudem hielt das Abkommen in keiner Weise eine privilegierte Position Chinas gegenüber Tibet fest. Erst mit Inkrafttreten der anglo-chinesischen und anglo-russischen Abkommen hatten Grossbritannien und Russland anerkannt, dass Chinas Einflusssphäre Tibet miteinbezog. Indem die Briten Tibet zuerst militärisch besiegten, ihre Einflussnahme anschliessend aber rasch wieder zurücknahmen, haben sie ein Machtvakuum hinterlassen, welches die Qing-Regierung geradezu dazu einlud, ihren Machtbereich auszudehnen.

Armee in Peking zur Folge sowie die Anerkennung demütigender Konzessionen und weiterer exorbitanter Reparationszahlungen (Goldstein 1997:28–29).

59 Artikel II besagt: „The Government of Great Britain engages not to annex Tibetan territory or to interfere in the administration of Tibet. The Government of China also undertakes not to permit any other foreign state to interfere with the territory or international administration of Tibet (Goldstein 1989:828; 1997:25; van Walt van Praag 1987:304–306)."

60 Artikel II besagt: „In conformity with the admitted principle of the suzerainty of China over Tibet, Great Britain and Russia engage not to enter into negotiations with Tibet except through the intermediary of the Chinese Government (Goldstein 1989:830; 1997:26; van Walt van Praag 1987:307–308)." Hintergrund: Die zweite Hälfte des 19. Jahrhunderts war in Zentralasien stark geprägt durch die Expansionspolitik der damaligen Supermächte Grossbritannien und Russland. Ein Jahrhundert zuvor hatten die Briten begonnen, ihren Machtbereich auf dem indischen Subkontinent von Süden her in Richtung des Hindukusch auszudehnen. Etwa zeitgleich drangen die Russen von Norden her zum Himalaya vor. Der Kampf um die Vorherrschaft in Zentralasien ist als *The Great Game* in die Geschichte eingegangen. 1907 einigten sich Grossbritannien und Russland im anglo-russischen Abkommen über ihre Gebietsansprüche. Neben Persien (seit 1979 Iran) und Afghanistan wurde dabei auch Tibet als sogenannter Pufferstaat definiert, wobei letzteres aufgrund der grossen Entfernung zu Russland eine eher nebensächliche Rolle spielte und China zugeschlagen wurde. Gemeinhin wird diese Übereinkunft als das Ende des *Great Game* angesehen (Siegel 2002:vii/xvi–xvii/6/11/19/199).

3.2 Chinas neue Tibet-Politik und Tibets Annäherung an Grossbritannien ab 1909

Die britische Invasion Tibets und das hieraus resultierende anglo-tibetische Abkommen änderte die Politik Chinas hinsichtlich Tibets dramatisch. Signalisierte die Qing-Regierung bis anhin wenig Interesse an einer direkten Verwaltung Tibets, so handelte sie nun, obwohl innenpolitisch geschwächt, mit Nachdruck und veranlasste den sofortigen britischen Abzug aus Tibet, indem sie die geschuldeten Reparationszahlungen selbst beglich.[61] Der Einmarsch Grossbritanniens bewog China zwecks besserer Wahrung nationaler Interessen zu Massnahmen, Tibet kulturell, ökonomisch sowie politisch stärker zu integrieren. Bevor der 13. Dalai Lama Ende 1909 aus dem Exil nach Lhasa zurückkehrte,[62] stattete er Peking, nachdem ihn dieses 1904 nach seiner Flucht in die Mongolei seines Amtes „enthoben" hatte, einen Besuch ab, um sich seiner künftigen Position in Tibet zu versichern. Die chinesische Regierung stimmte seiner Rückkehr nach Lhasa zu. Da das anglo-chinesische und das anglo-russische Abkommen den tibetischen Status zur chinesischen Zufriedenheit besiegelt hatten, gab es für die Qing-Regierung keinen Grund, den Dalai Lama nicht wieder einzusetzen, zumal Tibet durch seine Anwesenheit am einfachsten zu kontrollieren schien (Goldstein 1997:26–27; van Walt van Praag 1987:39–42).

Die chinesische Regierung zweifelte aber dennoch an der Loyalität des 13. Dalai Lama und unternahm ohne sein Wissen Schritte, die sicherstellen sollten, dass Pekings Instruktionen in Lhasa befolgt würden. Zhao Erfeng, der 1905 als Sonderbeauftragter auf brutale Weise die ethnisch tibetischen Randgebiete von Sichuan und Yunnan befriedete, wurde mit einer Armee von mehreren tausend Soldaten nach Lhasa entsandt. Als der Dalai Lama Ende 1909 seinen Regierungssitz wieder erreichte, erfuhr er von der chinesischen Armee, die sich bereits im Anmarsch befand. Verzweifelt wandte er sich diesmal an die Briten, die jedoch nicht intervenierten und nur zurückhaltend in Peking Protest einlegten. Als die chinesische Armee Anfang 1910 in Lhasa einmarschierte, floh der 13. Dalai Lama nach Indien, worauf die chinesische Regierung ihn erneut „entmachtete" und ihre Bemühung um eine effektive Kontrolle über Tibet verstärkte. Eine administrative Angliederung Tibets an China schien unmittelbar bevorzustehen (Goldstein 1997:27–28; van Walt van Praag 1987:44–46).

---

61 Ungeachtet möglicher negativer Implikationen akzeptierte Tibet schliesslich Chinas Angebot, für die Reparationszahlungen aufzukommen (van Walt van Praag 1987:40).
62 Der 13. Dalai Lama verbrachte seine Zeit im Exil zuerst in der Mongolei und später in ethnisch tibetischen Gebieten der chinesischen Provinz Qinghai (Goldstein 1997:27).

3.3 Der Fall der Qing-Dynastie 1911 und die Gründung der Republik China 1912

Der von China initiierte Annäherungsprozess wurde bald wieder jäh unterbrochen, als 1911 die Qing-Dynastie endete und die Republik China ausgerufen wurde. Infolge dieses Umsturzes rebellierten die in Lhasa, Gyantse und Yadong stationierten chinesischen Garnisonen, worauf die Tibeter sofort zu den Waffen griffen und gegenüber den unorganisierten chinesischen Truppen bald die Oberhand gewannen (van Walt van Praag 1987:47).

Der Sturz der Qing-Dynastie bedeutete für den 13. Dalai Lama, der zu dieser Zeit im indischen Darjeeling lebte, eine glückliche Fügung, die es ihm ermöglichte, seine Hoheit zurückzuerlangen.[63] Noch von Indien aus organisierte er eine militärische Streitkraft, mit deren Hilfe es rasch gelang, alle chinesischen Beamten und Soldaten aus Tibet zu verweisen. 1913 kehrte der Dalai Lama im Triumph nach Lhasa zurück. Bald danach erreichte ihn aus Peking ein Telegramm,[64] welches ihn „wiedereinsetzte", nun allerdings in der Funktion als Vizeregenten Tibets, worauf er antwortete, dass er die chinesische Regierung nicht um seinen früheren Rang ersucht habe und beabsichtige, Tibet als geistliches und weltliches Oberhaupt zu regieren (Goldstein 1997:30–31). Ebenfalls 1913 unterzeichnete Tibet mit der Mongolei einen Freundschafts- und Bündnisvertrag, in welchem gemeinsam die eigenmächtige Befreiung von der Qing-Dynastie und die Separierung von China deklariert wurden. In Artikel I und II anerkannten beide die staatliche Unabhängigkeit des jeweils anderen (van Walt van Praag 1987:50).[65]

Der Konflikt um den politischen Status Tibets war nach wie vor weit von einer Lösung entfernt. Die neue republikanische Regierung Chinas vertrat den Standpunkt, dass alle zur Zeit der Qing-Dynastie (1644–1911) unterworfenen Territorien Teil der Republik waren. Eines der nationalistischen Ziele der chinesischen Revolution war es, China zur Wiederherstellung seiner einstigen Grösse zu verhelfen; die Wiedererlangung der Kontrolle über Tibet war dabei von grosser symbolischer und strategischer Bedeutung (Goldstein 1997:31).

---

63 Während seines Exils in Darjeeling entwickelte der 13. Dalai Lama eine enge Freundschaft zu Sir Charles Bell, dem Verantwortlichen Britisch-Indiens für Sikkim, und konnte aus erster Hand erfahren, wie sich ein ausgedehntes Land mit einer effizienten und engagierten Bürokratie und Armee regieren liess (Goldstein 1997:30).

64 „Now that the Republic has been firmly established and the Five Races [Han, Tibetan, Manchu, Mongol, Muslim] deeply united into one family, the Dalai Lama is naturally moved with a feeling of deep attachment to the mother country. Under the circumstances, his former errors should be overlooked, and his Title of Loyal and Submissive Vice-Regent, Great, Good, and Self-Existent Buddha is hereby restored to him, in the hope that he may prove a support to the Yellow Church and a help to the Republic (Goldstein 1989:59; 1997:30–31)."

65 Artikel IV besagt: „Both States, Mongolia and Tibet, from now and for all time will afford each other assistance against external and internal dangers (van Walt van Praag 1987:320–321)."

3.4 Die Shimla-Konvention von 1914 und Tibets erste Versuche einer Modernisierung

Da der Regierung Britisch-Indiens die direkte chinesische Machtausübung in Tibet während der Jahre 1905 bis 1911 missfallen hatte, konnte Peking diesmal nicht auf die Unterstützung Londons zählen;[66] Grossbritannien war an einem harmlosen tibetischen Pufferstaat interessiert. Um dieses Ziel zu erreichen, drängte es die neue republikanische chinesische Führung, gemeinsam mit tibetischen Vertretern an einer Konferenz im indischen Shimla teilzunehmen. Letztere wollten die Gelegenheit nutzen, den ungeklärten politischen Status Tibets international endlich zu ihren Gunsten zu definieren, und betonten in der Eröffnungsrede ihre Unabhängigkeit.[67] China seinerseits brachte sofort zum Ausdruck, dass Tibet ein integraler Bestandteil der neu gegründeten Republik sei.[68] So lagen die Hoffnungen der Tibeter bei Grossbritannien, dessen Strategie allerdings keine tibetische Unabhängigkeit vorsah. Der endgültige Entwurf der Shimla-Konvention von 1914 erklärte Tibet zwar einerseits für autonom, anerkannte jedoch gleichzeitig auch die chinesische Oberhoheit.[69] Die tibetischen und chinesischen Vertreter akzeptierten diesen Kompromiss, vermochten jedoch hinsichtlich der Grenzziehung zwischen Tibet und China keine Einigung zu erzielen. Die Briten präsentierten verschiedene Modelle, doch schlussendlich wies die chinesische Regierung alle Vorschläge zurück und weigerte sich, die Shimla-Konvention zu unterzeichnen.[70] Um die Interessen Britisch-Indiens trotzdem durchzusetzen, entwickelte die Regierung in London einen geistreichen Plan. Man unterzeichnete mit Tibet ein bilaterales Schreiben, welches inhaltlich der Shimla-Konvention gleichkam, jedoch nicht der Form eines Staatsvertrags entsprach, da ein solcher die formale Anerkennung der Unabhängigkeit Tibets bedeutet hätte. Durch die Unterzeichnung dieses Schreibens gewann Britisch-Indien zusätzlich ein grosses Territorium östlich von Bhutan, den heutigen indischen Bundesstaat Arunachal Pradesh, der noch immer von China beansprucht wird. Grossbritannien anerkannte also das Recht Tibets auf Abtretung von Terri-

---

66 Grossbritannien hatte den Eindruck, die chinesischen Beamten entlang der langen Grenze zwischen Tibet und Indien würden vorsätzlich Unruhe stiften unter den indischen Ethnien im Grenzgebiet (Goldstein 1997:32).
67 „Tibet and China have never been under each other and will never associate with each other in future. It is decided that Tibet is an independent State and that the Precious Protector, the Dalai Lama, is the Ruler of Tibet in all temporal as well spiritual affairs (Goldstein 1989:70; 1997:32; van Walt van Praag 1987:54)."
68 „Tibet forms an integral part of the territory of the Republic of China, that no attempts shall be made by Tibet or by Great Britain to interrupt the continuity of this territorial integrity, and that China's rights of every description which have existed in consequence of this territorial integrity shall be respected by Tibet and recognized by Great Britain (Goldstein 1989:73; 1997:32)."
69 Gemäss der Shimla-Konvention sollte die Verwaltung Tibets, einschliesslich unabhängiger Armee und eigenständiger Währung, Angelegenheit der Tibeter bleiben. China wurde es untersagt, eine grössere Anzahl von Beamten oder Soldaten in Tibet zu stationieren, jedoch durfte es in Lhasa einen Bevollmächtigten samt Eskorte von bis zu 300 Leuten unterhalten (Goldstein 1997:33).
70 Die Shimla-Konvention hätte Tibet zwar nicht die gewünschte Unabhängigkeit gebracht, doch wäre durch den Kompromiss die Gefahr einer militärischen Auseinandersetzung mit China deutlich verringert worden. Da die chinesische Regierung die Konvention nicht unterschrieb, hatte Tibet weiterhin keinen von China akzeptierten rechtlichen Status (Goldstein 1997:33–34).

torien ohne Rücksprache mit der chinesischen Regierung, war aber nicht geneigt, aus dieser Kompetenz die staatliche Unabhängigkeit Tibets abzuleiten (Goldstein 1997:32–34; van Walt van Praag 1987:54–60).

Der Ausgang der Shimla-Konferenz bedeutete, dass sich Tibet mit der Möglichkeit künftiger bewaffneter Auseinandersetzungen mit China konfrontiert sah. Diese Bedrohung veranlasste eine Reihe junger aristokratischer Beamter in Tibet, die Modernisierung ihrer Heimat voranzutreiben und eine schlagkräftige Armee aufzubauen. Angeführt wurde die Gruppe von Minister Tsarong, dem der 13. Dalai Lama sehr zugetan war. Tibets erste interne Erneuerungsinitiativen schockierten aber die klösterliche und aristokratische Elite,[71] die den Grossteil des tibetischen Landes als feudale Besitztümer verwaltete und die Bauern in einem erblich gebundenen Abhängigkeitsverhältnis hielt.[72] Die Modernisierung war teuer und erforderte zusätzliche Steuern, ausserdem wurde sie von den religiösen Führern, die säkulare Einflüsse aus dem Westen fürchteten, als ideologische Bedrohung für die Vormachtstellung des Buddhismus wahrgenommen. Mitte der 1920er Jahre konnte der Dalai Lama von den Konservativen überzeugt werden, das Reformprogramm einzustellen und die gesamte Gruppe der Modernisierungsbefürworter zurückzubinden.[73] Damit vergab Tibet die Chance, ein zeitgemässes Staatswesen aufzubauen, welches in der Lage gewesen wäre, das Territorium zu verteidigen sowie internationale Unterstützung für die staatliche Unabhängigkeit zu mobilisieren. Vorerst zahlte es für dieses Zurückweichen in die Vergangenheit keinen unmittelbaren Preis, denn China war stark mit internen Angelegenheiten beschäftigt und zu schwach, um den Dalai Lama herauszufordern. Nachdem 1913 die letzten Beamten und Soldaten der Qing-Dynastie Tibet verlassen hatten, akzeptierte die tibetische Regierung keinerlei Besuch mehr aus Peking. Erst 1933 anlässlich des Tods des 13. Dalai Lama wurde in Lhasa wieder eine Gesandtschaft aus Peking empfangen. Die Kondolenz-Mission der Kuomintang-Regierung Chiang Kaisheks durfte zur Bereinigung der Tibet-Frage sogar ein Büro eröffnen. Obwohl die daraus folgenden Beratungen wenig verheissungsvoll starteten, erlaubte die tibetische Regierung das Fortbestehen des Büros (Goldstein 1997:34–36).

Wenig später wurde auch den Briten gestattet, eine neuerliche Mission in Lhasa zu installieren. Zusammen mit den bereits existierenden Gesandtschaften aus Nepal und Bhutan erschien Tibet plötzlich wieder verstärkt als eigenständige Nation auf der internationalen Landkarte. Es regierte selbstbestimmt weiter, ungeachtet der Tatsache, dass China seinen Anspruch keineswegs aufgab, sondern national sowie international eine Propagandakampagne lancierte, die keinen Zweifel daran offen liess, dass Tibet ein Bestandteil

---

71 Innerhalb kurzer Zeit wurden Truppen ausgehoben und Offiziere zur Ausbildung nach Britisch-Indien geschickt. In Gyantse stellte man einen britischen Lehrer ein, um eine englischsprachige Schule zu eröffnen (Goldstein 1997:35).
72 Im Vergleich zu den Bauern waren die Hirtennomaden, die sich in mehrheitlich abgelegenen Gebieten aufhielten, relativ unabhängig (Maus 1968:4).
73 Die englische Schule in Gyantse wurde wieder geschlossen (Goldstein 1997:35). 1946 unternahm die Regierung einen weiteren Versuch. Diesmal sollte eine staatlich geführte englischsprachige Schule in Lhasa eröffnet werden, um Studenten die Möglichkeit zu bieten, danach im Ausland weiterführende Ausbildungen zu absolvieren. Die drei grossen Klöster in der Nähe von Lhasa – Drepung, Sera und Ganden – wussten aber in ihrer tief verwurzelten Opposition gegenüber allem neuen auch dieses Vorhaben zu verhindern (Goldstein 2007:16/51).

Chinas sei. Diese Entwicklung wurde von der tibetischen Regierung zu wenig erkannt. Nur die Invasion Chinas durch Japan 1937 und der Ausbruch des Zweiten Sino-Japanischen Kriegs bewahrte Tibet davor, seine faktische Unabhängigkeit verteidigen zu müssen. Durch den japanischen Angriff auf Pearl Harbor 1941 wurden Grossbritannien und die Vereinigten Staaten schliesslich zu engen Verbündeten Chinas (Goldstein 1997:36; van Walt van Praag 1987:69–70).

3.5 Der Chinesische Bürgerkrieg und die Gründung der Volksrepublik China 1949

Durch die Kapitulation Japans 1945 endeten der Zweite Weltkrieg und auch der Zweite Sino-Japanische Krieg. China gehörte zu den alliierten Siegermächten. Japan war bezwungen und vom chinesischen Festland vertrieben. Die neue Ausgangslage erlaubte es der nationalistischen chinesischen Regierung aber noch immer nicht, sich der Tibet-Frage anzunehmen. Es kam zum Bürgerkrieg zwischen der regierenden Kuomintang unter Chiang Kaishek und der von Mao Zedong geführten Kommunistischen Partei, aus welchem die Kommunisten als Sieger hervorgingen. Am 1. Oktober 1949 verkündete Mao Zedong die Gründung der Volksrepublik China.[74] Zwei Jahre später endete der Stillstand bezüglich der Tibet-Frage (Goldstein 1997:37).

Der tibetischen Regierung war es während einer knapp 40-jährigen Periode vollständiger Kontrolle über sämtliche internen und externen Angelegenheiten nicht gelungen, systematisch internationale Unterstützung für ihren Unabhängigkeitsanspruch zu organisieren. Obwohl Grossbritannien, Indien und die USA de facto jahrelang direkt mit Tibet verhandelten, als wäre es ein unabhängiger Staat, anerkannten sie de jure die chinesische Oberhoheit. Was für die Beamten in Lhasa wie offizielle zwischenstaatliche Beziehungen ausgesehen haben muss, wurde von den USA vielmehr als Briefwechsel mit dem 14. Dalai Lama in seiner Funktion als religiöser, weniger als weltlicher Führer interpretiert. Dieses Vorgehen machte insofern Sinn, als dass China während des Zweiten Weltkriegs ein wichtiger Alliierter der USA war. Weder die tibetische Regierung noch der Dalai Lama wurden allerdings über solche Feinheiten je informiert. Dieser westliche Doppelstandard trug viel zur gegenwärtigen Konfusion über den politischen Status Tibets bei und stand in Widerspruch zu der von Franklin D. Roosevelt und Winston Churchill am 14. August 1941 unterzeichneten Atlantik-Charta (siehe Fussnote 9), welche keine territorialen Veränderungen vorsah, die nicht mit den Wünschen der Betroffenen übereinstimmten, und das Recht aller Menschen bekräftigte, die ihnen zusagende Regierungsform selbst zu bestimmen (Goldstein 1989:xix; 1997:37–41).

---

74 Die Anhänger von Chiang Kaishek flohen nach Taiwan, welches erst mit dem Ende des Zweiten Weltkriegs von Japan an China zurückfiel und wo die Republik China bis heute fortbesteht (Goldstein 1989:xix).

3.6   Das 17-Punkte-Abkommen von 1951

Ende 1949 proklamierte Chinas neue kommunistische Regierung die „Befreiung" Tibets als eine der Hauptaufgaben der Volksbefreiungsarmee, nachdem aus chinesischer Perspektive während der Kuomintang-Zeit bereits die Äussere Mongolei verloren gegangen war (siehe Fussnote 98). Die Furcht der einstigen Modernisierungsbefürworter in Tibet, ihre Unabhängigkeit eines Tages militärisch verteidigen zu müssen, schien sich zu bewahrheiten. Wenig überraschend präsentierte sich derweil die tibetische Armee unzureichend bewaffnet und mangelhaft geführt; es existierte nur ein laienhafter Plan zur Abwehr der drohenden Invasion. Und niemals seit 1913 war Tibet international stärker isoliert (siehe Kapitel 3.3), denn Grossbritannien hatte 1947 mit der Unabhängigkeit Indiens das Interesse am harmlosen Pufferstaat verloren. Trotzdem ersuchte die tibetische Regierung Grossbritannien und auch die USA um Unterstützung. Deren Repliken fielen allerdings äusserst unverbindlich aus, worauf die Tibeter Gesandtschaften in die beiden Länder schicken wollten, was ebenfalls umgehend abgelehnt wurde (Goldstein 1997:41–43; 2007:20).

Mao Zedong war sich bewusst, dass Tibet einen internationalen Status hatte, der es von den Gebieten aller anderen ethnischen Gruppen in China unterschied. Da er einen sich hinziehenden Guerillakrieg im Himalaya vermeiden wollte, entschied er sich für eine Strategie der friedlichen „Befreiung" in Einvernehmen mit der tibetischen Regierung. Das Problem bei dieser Strategie war, dass die tibetische Regierung kaum freiwillig der faktischen Unabhängigkeit entsagen würde, um Teil von Maos China zu werden. Deshalb sollte Tibet, wie es die Briten 1904 vorgeführt hatten, durch militärische Massnahmen an den Verhandlungstisch bewegt werden. Am 7. Oktober 1950 überquerten rund 40′000 Soldaten der Volksbefreiungsarmee von Osten her den Jangtsekiang,[75] attackierten die sich verteidigenden knapp 10′000 Mann starken tibetischen Truppen, drangen weiter bis zum Mekong vor und eroberten Chamdo.[76] Das militärische Ziel war nicht, nach Lhasa vorzustossen, sondern der tibetischen Armee den Rückzug abzuschneiden und so zu verhindern, dass diese weiter westlich eine weitere Verteidigungslinie aufbauen konnte. Innerhalb von zwei Wochen wurde annähernd die Hälfte der tibetischen Soldaten getötet, sodass sich Ngabö,[77] Ober-

---

75   Wenig später verkündete die chinesische Regierung: „People's army units have been ordered to advance into Tibet to free three million Tibetans from imperialist oppression and to consolidate national defenses on the western borders of China (van Walt van Praag 1987:142)."
76   Nun begann die tibetische Regierung vorsorglich ihren Besitz zu sichern. Hunderte von Maultierladungen Gold, Silber und anderer Kostbarkeiten wurden nach Gangtok, der Hauptstadt Sikkims, transportiert, wo ein tibetischer Maharaja sich bereit erklärte, alles in Gewahrsam zu nehmen. Derweil arrangierten die wohlhabenden aristokratischen Familien den Transport ihres beweglichen Vermögens nach Indien und machten sich selbst auf die Flucht. Als der 14. Dalai Lama im Sommer 1951 ein letztes Mal für knapp acht Jahre nach Lhasa aufbrach, folgten ihm die meisten Flüchtlinge wieder zurück nach Tibet (Goldstein 2007:83/87/138/157).
77   Ngabö (1910–2009) ist auch bekannt unter dem Namen Ngapoi Ngawang Jigme und gilt in gewissen exiltibetischen Kreisen als Verräter. Er ist einer der wenigen, denen es gelang, zunächst unter dem Dalai Lama und später im kommunistischen China politisch Fuss zu fassen. Ngabö war unter anderem der erste Vorsitzende des 1965 begründeten Autonomen Gebiets Tibets (China View 2005; South China Morning Post 1998).

befehlshaber der tibetischen Armee und Mitglied des tibetischen Ministerrats *kashag*,[78] gezwungen sah aufzugeben. Der Weg von Chamdo nach Lhasa war damit frei, da so gut wie keine tibetischen Reservetruppen existierten.[79] In Übereinstimmung mit Mao Zedongs Tibet-Strategie wurde der Vormarsch der Volksbefreiungsarmee aber gestoppt.[80] Der kommunistische Führer wünschte sich keine Eroberung Tibets, sondern ein vom Dalai Lama mitunterzeichnetes Abkommen, das die chinesische Oberhoheit sowie schrittweise Reformen der tibetischen Feudalwirtschaft legitimierte. Hiermit waren für die tibetische Regierung die schlimmsten Befürchtungen eingetreten, konnte sie doch der militärischen Bedrohung nichts mehr entgegenhalten. Tibet wandte sich in der Folge einmal mehr an die Weltgemeinschaft, sandte Appelle an die UNO, die USA, Grossbritannien sowie Indien und wurde erneut enttäuscht.[81] Schliesslich erkannte die tibetische Regierung die Aussichtslosigkeit ihrer Lage und sandte eine Verhandlungsdelegation unter Leitung von Ngabö nach Peking. Am 23. Mai 1951 wurde dort das „17-Punkte-Abkommen zur friedlichen Befreiung Tibets" unterzeichnet. Die Delegation hatte keine Wahl und wurde vor die Entscheidung gestellt, entweder das Abkommen zu akzeptieren oder aber die Verantwortung übernehmen zu müssen für eine sofortige und bedingungslose militärische Offensive bis nach Lhasa. Mit der Unterzeichnung entschied sie sich dafür, die chinesische Oberhoheit zu anerkennen. Im Gegenzug erklärte sich die chinesische Führung bereit, den Dalai Lama und das System der feudal-theokratischen Regierung und Wirtschaft beizubehalten, bis die tibetische Bevölkerung selbst Reformen wünschte (Goldstein 1997:43–48; 2007:48–51; van Walt van Praag 1987:142/147).[82]

---

78 Der tibetische Ministerrat *kashag* war die höchste Behörde in der tibetischen Regierung und bestand traditionellerweise aus vier Ministern, wovon im Allgemeinen einer dem Mönchsstand angehörte. Diese Minister, die sogenannten *kalön*, wurden vom Dalai Lama auf Lebzeiten berufen, ausgewählt aus einer vom *kashag* zusammengestellten Liste von Nominierten. Der *kashag* war das administrative Zentrum aller säkularen Angelegenheiten und die einzige weltliche Behörde, welche direkten Kontakt zum Dalai Lama hatte (Goldstein 2007:xxv/4).

79 Nur noch einzelne, spärlich ausgebildete, tibetische Regimenter waren zwischen Chamdo und Lhasa stationiert (Goldstein 2007:51).

80 Alle gefangen genommenen tibetischen Soldaten konnten selbständig nach Hause zurückkehren (Goldstein 2007:83).

81 In Anbetracht der Tatsache, dass Tibet keine erfahrenen Diplomaten vorzuweisen hatte, war der erste Appell an die Vereinten Nationen von überraschender Qualität und Eloquenz. Die UNO beschäftigte sich dann aber hauptsächlich mit der Frage, ob Tibet als Nichtmitglied überhaupt qualifiziert war, ein Anliegen vorzubringen. Dies wäre nur der Fall gewesen, wenn man Tibet gemäss Artikel 35 Absatz 2 der UN-Charta als Staat taxiert hätte. Es schien deutlich, dass man China nicht dazu zwingen konnte, seine Truppen aus Tibet abzuziehen und dass eine entsprechende unbeachtete Aufforderung die junge internationale Institution geschwächt hätte. Folglich wurde der Antrag vertagt (Goldstein 1997:46; 2007:59–81; UNO 1945).

82 „Now that the People's Liberation Army has entered Tibet, they will protect the lives and property of all the religious bodies and people, protect the freedom of religious belief for all the people of Tibet, protect the lamaseries and temples, and help the Tibetan people to develop their education, agriculture, animal husbandry, industry and commerce, so as to improve the livelihood of the people. The existing political system and military system in Tibet will not be changed. […] All matters concerning reform of any kind in Tibet will be settled completely in accordance with the wishes of the Tibetan people (van Walt van Praag 1987:144)."

Der 14. Dalai Lama erfuhr von der Unterzeichnung des Abkommens erst acht Tage später durch ein Telegramm von Ngabö; die Nachricht erreichte ihn nahe der indischen Grenze in Yadong, wohin er Ende 1950 mit seinen wichtigsten Beamten, darunter auch dem Ministerrat *kashag*, umgezogen war, um im Falle einer chinesischen Eroberung Lhasas Tibet schnell verlassen zu können.[83] Ironischerweise war der damals 16 Jahre alte Dalai Lama sozialen Reformen nicht abgeneigt, noch sah er sich an das traditionelle Feudalsystem Tibets gebunden. Die Nachricht der Unterzeichnung bestürzte ihn und seine Begleiter jedoch sehr, hatte es die tibetische Delegation in Peking doch unterlassen respektive wurde daran gehindert, die Bedingungen vorgängig mit der übergangsweise in Yadong stationierten tibetischen Regierung abzuklären.[84] In der Hoffnung, wichtige Punkte mit China nachverhandeln zu können oder zumindest eine Übereinkunft hinsichtlich der anstehenden Reformen zu erreichen, kehrte der Dalai Lama im Sommer 1951 gemäss Mehrheitsbeschluss der tibetischen geistlichen und weltlichen Führungsriege nach Lhasa zurück. Doch noch im Herbst desselben Jahres bezogen chinesische Truppen ihre Quartiere in Lhasa. Bald waren alle grösseren tibetischen Städte besetzt und schliesslich war nahezu ganz Tibet unter militärischer Kontrolle Chinas. Die tibetische Regierung hatte keinerlei Verhandlungsspielraum mehr. Am 24. Oktober 1951 gab der 14. Dalai Lama in einem Telegramm an Mao Zedong zu verstehen, dass er das 17-Punkte-Abkommen formal anerkenne.[85] Beiden Seiten war indessen klar, dass die Durchsetzung der vereinbarten Bestimmungen keinesfalls einfach werden würde (Goldstein 1989:xix; 1997:48–52; 2007:19/82–113/138–165/226; van Walt van Praag 1987:148–149).

---

83 Bevor der 14. Dalai Lama Lhasa verliess, reaktivierte er eine Behörde, die 1904, als der 13. Dalai Lama in die Mongolei floh, geschaffen wurde. Er berief zwei sogenannte *silön*, einen Mönch und einen aristokratischen Laien, welche in der Zeit seiner Abwesenheit stellvertretend die Regierungsgeschäfte leiten sollten. Die Institution dieser beiden Chefminister nannte sich *sitsab* (Goldstein 2007:xxvi/xxviii/7/19).

84 Weder der *sitsab* in Lhasa noch der *kashag* und der 14. Dalai Lama in Yadong waren also Teil dieser historischen Verhandlungen (Goldstein 2007:98).

85 Die chinesische Regierung bestand auf einer Bestätigung des Abkommens durch den 14. Dalai Lama, womit sich die tibetischen Behörden aber Zeit liessen. Insbesondere der *sitsab* spekulierte damit, einige Punkte nachverhandeln zu können und war überzeugt davon, dass die tibetischen Unterhändler in Peking nicht das Bestmögliche herausgeholt und mit der Unterzeichnung ihre Kompetenzen überschritten hatten. Der damalige tibetische Delegationsleiter Ngabö und andere Minister aus dem *kashag* jedoch hielten das 17-Punkte-Abkommen in Anbetracht der militärischen und internationalen Realitäten für annehmbar. Schliesslich erteilte der Dalai Lama seine Zustimmung mittels telegrafischer Nachricht: „At the end of April 1951 there arrived in Peking a special delegate, *kashag* Minister Ngabö and four other plenipotentiary representatives sent by the local Tibet government. [...] The representatives of both sides, on May 23, 1951, signed on a friendly basis an agreement relating to the measures for the peaceful liberation of Tibet. The local government of Tibet, the monks, and the entire Tibetan people express their unanimous support for this agreement." Melvyn C. Goldstein (2007:154–155/217/219/226) sieht darin die Bestätigung der chinesischen Oberhoheit. Demgegenüber hebt Michael C. van Walt van Praag (1987:154) insbesondere die Bedingungen hervor, unter welchen die Tibeter das Abkommen zu unterzeichnen und akzeptieren hatten. Den militärischen Einmarsch der chinesischen Volksbefreiungsarmee in Tibet beurteilt er als gemäss internationalem Recht rechtswidrige Handlung.

3.7 Der Tibet-Aufstand von 1959

In den Jahren unmittelbar nach der Unterzeichnung des 17-Punkte-Abkommens verfolgte Mao Zedong in Tibet eine Politik der Mässigung.[86] Es wurde zwar eine militärische und administrative Infrastruktur aufgebaut, die chinesischen Beamten sollten jedoch den sozialistischen Umbruch nicht voreilig einleiten. Die chinesische Strategie bezweckte, die Besorgnis der tibetischen Elite zu mildern, damit diese die Vereinigung mit China und die gesellschaftliche Transformation in Übereinstimmung mit den sozialistischen Zielen allmählich von sich aus begrüssen würde.[87] Die Schlüsselfigur dieser Taktik war der 14. Dalai Lama, mit dessen Hilfe Mao Zedong die feudalen und religiösen Eliten Tibets für ihren Platz im neuen, multiethnischen und kommunistischen China einzunehmen hoffte. Innerhalb der Kommunistischen Partei waren aber längst nicht alle vom Gelingen dieses Plans überzeugt,[88] und auch unter den tibetischen Führern löste die neue Politik Unbehagen aus. Obwohl eine kleine Gruppe innerhalb der tibetischen Regierung, angeführt durch Ratsminister Ngabö, dafür eintrat, die feudalen Institutionen rasch selbst zu reformieren, fehlte diesem Unterfangen die breite Unterstützung. Ngabös Analogie, dass der Hut, den man sich selber fertigt, um einiges besser passt als jener, der einem von jemand anderem übergestülpt wird, vermochte nicht zu überzeugen und fand nur wenig Anklang. Während der 14. Dalai Lama Ngabö durchaus zugetan war und hinsichtlich eines funktionierenden Kompromisses mit den Chinesen gewisse Reformen begrüsste, war er dennoch ausserstande oder nicht willens, die antichinesischen Wortführer in seiner Regierung zu kontrollieren. Wie bereits in den 1920er Jahren verweigerte sich die Fraktion der Konservativen allen Veränderungen. Darüber hinaus fühlte sie sich nicht an die Bedingungen des 17-Punkte-Abkommens gebunden, weil diese durch die Besetzung Chamdos erzwungen worden waren. Dementsprechend kreierten die Gegner einer Annäherung an China in Lhasa widrige Lebensbedingungen. Mittels künstlicher Nahrungsmittelverknappungen versuchte man die Chinesen dazu zu bewegen, zumindest Teile ihrer Beamten und Soldaten abzuziehen (Goldstein 1997:52–54).

Zunächst blieb das Ausmass chinesischer Einflussnahme auf das soziale, kulturelle und religiöse Leben der Tibeter noch relativ bescheiden. Ab Mitte der 1950er Jahre verschlechterte sich die Situation aber kontinuierlich. Chinesische Hardliner drängten darauf, die sozialistische Transformation Tibets endlich durch passende Reformen einzuleiten. Tibetische Hardliner begannen, eine bewaffnete Rebellion zu organisieren. Ende 1955

---

86 Die chinesischen Beamten in Tibet betonten, dass ihre Anwesenheit der Verbesserung der Verhältnisse in Tibet diene und nicht etwa der Ausbeutung. Man bemühte sich, Respekt für die tibetische Kultur und Religion zu signalisieren. Der Volksbefreiungsarmee war es untersagt, den Tibetern irgendetwas gegen ihren Willen wegzunehmen. Sie bezahlte sämtliche Waren und Dienstleistungen mit alten chinesischen Silbermünzen (Goldstein 1997:52).

87 Zwischen 1951 und 1959 wurde keinerlei aristokratisches oder klösterliches Eigentum konfisziert und der feudale Adel und Klerus war weiterhin die rechtliche Autorität der in einem Abhängigkeitsverhältnis stehenden leibeigenen Bauern (Goldstein 1997:52).

88 Trotz Mao Zedongs Politik der Mässigung fiel es vielen Befehlshabern der Volksbefreiungsarmee schwer, Respekt vor den feudalen Eliten zu zeigen und zuzusehen, wie das alte System vorerst intakt blieb. 1956 planten chinesische Beamten in Tibet den Beginn politischer und ökonomischer Reformen, obwohl sie nie von Peking dazu aufgefordert worden waren (Goldstein 1997:53).

wurden auf dem gesamten Territorium der östlich an Tibet angrenzenden chinesischen Provinz Sichuan soziale, politische und landwirtschaftliche Reformen bewilligt. Davon war auch die im Westen Sichuans lebende tibetische Ethnie der Khampas betroffen. Die auferlegten Reformen sowie regelmässige Übergriffe auf Klöster und religiöse Persönlichkeiten führten im Sommer 1956 zu einem regelrechten Guerillakrieg im Osten und Nordosten Tibets, was die USA veranlassten, den bewaffneten Widerstand mit Waffen und Munition zu unterstützen.[89] Mao Zedong startete einen letzten Versuch, seine Politik der kleinen Schritte zu retten. Er reduzierte die chinesischen Kader und Truppen in Tibet und versprach dem Dalai Lama schriftlich, dass innerhalb der nächsten sechs Jahre keine sozialistischen Landreformen durchgeführt würden und am Ende dieser Periode, sofern die Zeit noch immer nicht reif sei, die Neuerungen ein weiteres Mal hinausgezögert werden könnten. Diese neue Strategie kam zu spät. Aufgrund der blutigen Auseinandersetzungen in Kham und auch Amdo waren inzwischen viele Oppositionelle und Rebellen nach Lhasa geströmt und wurden zu einer bedeutenden Kraft in der Hauptstadt. Am 10. März 1959 brach dort eine offene Revolte aus. In täglichen Massendemonstrationen wurden die Chinesen aufgefordert, Tibet zu verlassen. Wenig später begannen Kämpfe und der 14. Dalai Lama floh ins indische Exil, wo er das 17-Punkte-Abkommen für ungültig erklärte und sich abermals um internationale Unterstützung für die Unabhängigkeit Tibets bemühte (China View 2005; Goldstein 1997:53–54; van Walt van Praag 1987:160–163).[90]

---

89 Bis zur Unterzeichnung des 17-Punkte-Abkommens in Peking spielte die Regierung der USA und ihr Auslandnachrichtendienst CIA eine relativ unbedeutende Rolle im sino-tibetischen Konflikt. Während des Kalten Kriegs war es aber Teil der amerikanischen Strategie, den neuen kommunistischen Staat wann immer möglich in Bedrängnis zu bringen. Die chinesische Aggression in Tibet bot dazu einen hervorragenden Anlass. Nachdem es 1951 nicht gelungen war, den 14. Dalai Lama zwecks Ausweitung der Affäre davon zu überzeugen, das 17-Punkte-Abkommens zu dementieren und aus Yadong sofort ins Exil zu fliehen, und nicht nach Lhasa zurückzukehren, begannen die USA 1957 mit der Ausbildung und Bewaffnung tibetischer Guerillas (Goldstein 1997:49/54; 2007:112; van Walt van Praag 1987:149).

90 Die USA betonten 1959 das tibetische Recht auf Selbstbestimmung, waren aber nicht bereit, Tibets Unabhängigkeit anzuerkennen, obwohl sie zu jener Zeit stark an der Finanzierung und Ausbildung der tibetischen Guerilla beteiligt waren, welche aus den an den Süden Chinas angrenzenden, nepalesischen Distrikten Dolpo und Mustang heraus operierten. Die anfängliche Hoffnung der Exiltibeter, die USA würden im internationalen Kampf für Tibets Unabhängigkeit die Führung übernehmen, war bald verflogen. Vollends zerschlug sie sich Ende der 1960er Jahre, als der amerikanische Präsident Richard Nixon und sein nationaler Sicherheitsberater Henry Kissinger angesichts des verlustreichen Vietnamkriegs eine Annäherung an China anstrebten. Die amerikanische Unterstützung der in Nepal stationierten tibetischen Guerilla wurde eingestellt, und deren Operation brach innert weniger Jahre zusammen (Goldstein 1997:57–58; von Fürer-Haimdorf 1990:26–29). Die chinesische Volksbefreiungsarmee gab bereits im März 1963 die vollständige Niederschlagung des bewaffneten tibetischen Aufstands bekannt (China View 2005).

3.8 Der Weg ins Exil

Mao Zedongs Politik der graduellen Annäherung war gescheitert, die tibetische Rebellion ebenso. Schliesslich kündigte auch die chinesische Regierung das 17-Punkte-Abkommen auf. Hiermit endete Tibets Sonderstellung innerhalb des chinesischen Staats. Die Übergangsperiode von 1951 bis 1959 nahm einen für beide Seiten unerfreulichen Ausgang. Tibets mächtiger Elite war es weder gelungen, eine Strategie zu entwickeln, welche die Chinesen zum Abzug bewogen hätte, noch vermochte sie, eine Nische innerhalb des sozialistischen Staats auszumachen, um die Autonomie langfristig zu maximieren.[91] Die chinesische Seite ihrerseits liess sich durch ideologische Begeisterung dazu hinreissen, sozialistische Reformen überstürzt einführen zu wollen, und verspielte so jegliche Chancen einer friedlichen Integration Tibets in das kommunistische China (Goldstein 1997:54–55).[92]

Nach 1959 begannen sich die exiltibetische und chinesische Regierung hinsichtlich der Legitimität ihrer Herrschaftsansprüche einen Wettstreit zu liefern. Die chinesische Regierung prangerte die vormalige Leibeigenschaft und andere Grausamkeiten des alten feudalen Systems an, während die tibetische Exilregierung die kulturelle Zerstörung sowie eine Vielzahl chinesischer Menschenrechtsverstösse verurteilte. Zweifelsohne begann mit dem Tibet-Aufstand von Lhasa eine Zeit des Umbruchs. Die Kommunistische Partei entwarf eine sozialistische Regierungsstruktur und gliederte die tibetischen Agrar- und Nomadengebiete neu in Kommunen.[93] Es wurde begonnen, die Besitztümer der religiösen und säkularen Elite zu konfiszieren, buddhistische Klöster wurden verwüstet.[94] Klösterliches Leben war während der chinesischen Kulturrevolution (1966–1976) gar gänzlich

---

91 Unterschiedliche Fraktionen verfolgten gegensätzliche Strategien, die vorschnell in eine wirkungslose militärische Konfrontation mündeten. Diese führte wiederum zur Zerstörung der alten Gesellschaft und des klösterlichen Buddhismus, womit gerade das Szenario eintrat, welches man unbedingt hatten verhindern wollen (Goldstein 1997:55).

92 Mao Zedongs gemässigte Tibet-Politik der 1950er Jahre und sein Festhalten am Dalai Lama stiessen vielen Mitgliedern der Kommunistischen Partei sauer auf. Diese Kreise interpretierten den Tibet-Aufstand von 1959 und die neuerliche Internationalisierung der Tibet-Frage denn auch als Beleg für das Scheitern dieser Strategie. Noch heute wird sie in China als einer der grössten Fehler Mao Zedongs betrachtet (Goldstein 1997:55–56).

93 1951 waren gegen 50% der fruchtbarsten Flächen Tibets im Besitz von Klöstern und inkarnierter Lamas, weitere 25% wurden von Laienaristokraten gehalten. Der Rest gehörte der tibetischen Regierung, welche die religiösen Institutionen während Jahrhunderten unterstützte, indem sie ihnen für den Eigenbedarf grosszügige Acker- und Weidegebiete inklusive Leibeigener zur Verfügung stellte. Dazu konnten die Klöster für die Durchführung von Gebetszeremonien und religiösen Riten weitere Mittel erhalten. Der Aufwand, mit welchem die Regierung religiöse Institutionen und Aktivitäten unterstützt hatte, stand in krassem Gegensatz zu ihren Dienstleistungen für die Laienbevölkerung. Es gab beispielsweise keine Gesundheitsversorgung und keine säkularen Schulen (Goldstein 2007:13–14). Gleichwohl unterhielt Tibet ein umfassendes Staatswesen mit einem Rechts- und Steuersystem, einem Telegrafen- und Postdienst sowie einer eigenen Währung (van Walt van Praag 1987:50/136–137).

94 1951 beheimateten die drei grössten Klöster im Umkreis von Lhasa – Drepung, Sera und Ganden – 20'000 Mönche. Derweil 1959 in Drepung, 10'000 Mönche lebten, waren es in jüngerer Zeit noch etwa 700. Während Melvyn C. Goldstein (1997:90; 2007:13) für die Mitte des 20. Jahrhunderts ungefähr 2500 existierende Klöster in Tibet konstatiert, spricht die tibetische Exilregierung (NZZ 2009a; von Fürer-Haimdorf 1990:33) von mehr als 6000 zerstörten Klöstern, wovon bis 1979 nur 13 einigermassen intakt blieben.

unterbunden worden. Die Bevölkerung musste, gezeichnet von Rebellion und Nahrungsmittelknappheit, massive Entbehrungen in Kauf nehmen. Angestossen durch die kulturrevolutionäre Kampagne gegen die „Vier Alten", welche sich gegen alte Denkweisen, alte Gewohnheiten, alte Sitten und alte Kulturen richtete, waren die Tibeter gezwungen, sich von Werten und Gebräuchen abzuwenden, die zutiefst in ihrer gesellschaftlichen Identität verwurzelt waren. Die damit verbundene Propaganda zielte darauf, das soziale und kulturelle Gefüge der Bevölkerung zu zerstören. Wie viele Menschen in dieser Zeit durch Kampf, Gefängnis oder Hinrichtung um ihr Leben kamen, ist nicht eindeutig bekannt.[95] Es waren unzählige, und die Zerstörung tibetischer Kultur war gewaltig (Goldstein 1997:56–60).

Im Zuge dieser Ereignisse folgten etwa 80'000 Tibeter dem 14. Dalai Lama ins Exil; heute leben schätzungsweise 130'000 fern von ihrer Heimat, davon 100'000 in Indien, annähernd 15'000 in Nepal, ungefähr 1500 in Bhutan und schätzungsweise 4000 in der Schweiz.[96] Hier befand sich lange Zeit die grösste Tibetergemeinschaft ausserhalb Asiens,[97] bis sich Anfang der 1990er Jahre die Zahl von Tibetern in den USA und in Kanada auf heute rund 13'000 stark erhöhte (CTA 2012a; Goldstein 1989:825; MacPherson et al. 2008a; Migyul 2003; NZZ 2009b).

---

95 In Zentraltibet fielen den Kämpfen in den 1950er Jahren, dem Aufstand von 1959 und den nachfolgenden Säuberungsaktionen nach offiziellen chinesischen Angaben etwa 87'000 Tibeter zum Opfer. Die tibetische Exilregierung hingegen beklagt den Tod von rund 1.2 Millionen Tibetern, die seit 1950 umgekommen seien (NZZ 2009a; Samphel 2012; van Walt van Praag 1987:163).
96 Zur Anzahl der im Exil lebenden Tibeter existieren teils sehr unterschiedliche Zahlen. Schon die Situation in der Schweiz zeigt sich unübersichtlich. Im NZZ Folio (Cattani 1991) ist zu Beginn der 1990er Jahre von 1200 bis 1500 in der Schweiz lebenden Tibetern die Rede. Das Bundesamt für Migration vermerkt für die 1960er Jahre durchschnittlich 575, für die 1970er 998, für die 1980er 1365 und für die 1990er 1237 Tibeter. Im Jahr 2001 zählt es noch 830 Tibeter in der Schweiz, ab 2002 wird die tibetische Wohnbevölkerung nicht mehr separat von jener Chinas ausgewiesen. In der Zeit von 1974 bis 2010 kam es zu 1708 Einbürgerungen von Tibetern (BFM 2012a, 2012b). Vor wenigen Jahren sprach die Neue Zürcher Zeitung (NZZ 2009b) von 3500 Tibetern in der Schweiz. Aktuell geht die Tibetergemeinschaft der Schweiz und Liechtensteins (TGSL 2012) von einer Anzahl von etwa 5000 aus.
97 Die ersten Tibeter gelangten im Herbst 1960 in die Schweiz. 20 Kinder fanden damals Unterkunft im Pestalozzidorf Trogen. Daneben nahmen Schweizer Familien auf private Initiative hin ungefähr 160 tibetische Kinder auf. 1963 stimmte der Bundesrat einem Einreisekontingent von 1000 tibetischen Flüchtlingen zu, von denen einige in der Firma Kuhn Rikon Arbeit fanden. Seit 1964 gibt es in Genf ein *Tibet Office*, die offizielle Vertretung der Exilregierung in Dharamsala für Zentral- und Osteuropa. 1968 wurde in Rikon ein klösterliches Tibet-Institut geschaffen. Unmittelbar bedeutete das schweizerische Exil für die meisten Tibeter einen sozialen Abstieg. Aufgewachsen in einer bäuerlichen und nomadischen Feudalgesellschaft, fanden sie sich wieder in einer industriellen Leistungsgesellschaft (Cattani 1991; Tibet Office 2012). Jacques Kuhn, ehemaliger Patron der Firma Kuhn Rikon, erinnert sich an durch den geografischen Wechsel entstandene Generationenprobleme. Während die Jungen stark am neuartigen Leben interessiert waren, lebten die Alten während Jahrzehnten konservativ ihren gewohnten Lebensstil weiter (DRS 2009).

3.9 Tibet als Spielball imperialistischer Mächte

Tibet ist für China primär aus territorialen Gründen von Interesse und weniger wegen der dort beheimateten Bevölkerung. Wahrscheinlich ging es bereits in den 1950er Jahren weder um friedliche Befreiung noch um religiöse Aspekte, sondern um kulturelle Angliederung mit dem Ziel militärstrategische und wirtschaftliche Vorteile zu nutzen. Dies offenbaren nicht zuletzt gigantische Infrastrukturprojekte in den Bereichen Verkehr, Bergbau und Wasserkraft. Wie das Beispiel der Mongolei zeigt, hätte die Geschichte Tibets des 20. Jahrhunderts aber durchaus anders enden können.[98] Sowohl Russland als auch Grossbritannien waren zu Beginn des 20. Jahrhunderts Kontrahenten Chinas. Während die Mongolei im nördlich gelegenen Russland einen Verbündeten sah, konnte sich Tibet zu jener Zeit noch nicht für den südlich gelegenen Nachbarn Britisch-Indien erwärmen und verharrte isoliert in seiner feudalen, klösterlichen Gesellschaft. Eine Annäherung an Grossbritannien erfolgte erst 1950 kurz vor der Zerschlagung der tibetischen Armee durch die Chinesen bei Chamdo. Die Briten waren zu der Zeit jedoch längst nicht mehr an Tibet interessiert, und das frisch in die Unabhängigkeit entlassene Indien wollte sich nicht sogleich mit seinem grössten Nachbarn anlegen. Das wenig erneuerungswillige Tibet hatte gegen das im Aufbau begriffene, kommunistische China militärisch keine Chance und musste sich nach der zunächst graduellen Politik Mao Zedongs im Anschluss an den blutigen Tibet-Aufstand von 1959 definitiv sozialistischen Reformen unterziehen. Die folgenden Jahre kosteten viele weitere tibetische Menschenleben, sodass im Gefolge des 14. Dalai Lama Zehntausende Tibeter ihre Heimat verliessen und die Behörden ihrer Gastländer Indien, Nepal und Bhutan vor grosse Herausforderungen stellten. Darüber, wie die Situation in Nepal mit Unterstützung internationaler Organisationen und schweizerischer bilateraler Hilfe bewältigt wurde, gibt der nächste Teil dieser Arbeit Auskunft.

---

98 Beim Zusammenbruch der Qing-Dynastie 1911 konnte man von einem ähnlichen politischen Status der beiden Regionen sprechen. In der Folge betrieb die Mongolei eine Annäherungspolitik an das zaristische Russland, erklärte seine Unabhängigkeit (siehe Fussnote 65), wurde schliesslich befreundeter Satellitenstaat der Sowjetunion, durchlebte aber auch eine kommunistische Revolution inklusive stalinistischer Säuberungen. Russischen und mongolischen Truppen gelang es 1939 bei der Schlacht von Nomonhan gemeinsam einen japanischen Angriff zurückzuschlagen. So konnte der Vormarsch Japans in Richtung Norden gestoppt werden, nachdem dieses zuvor von Korea aus die chinesische Mandschurei erobert hatte. Über die militärische Zusammenarbeit hinaus entwickelten sich enge Beziehungen zwischen Russland und der Mongolei. Tausende Russen arbeiteten in der Mongolei, und zahlreiche Mongolen studierten in der Sowjetunion. Wie im Falle Tibets war die mongolische Unabhängigkeit nach dem Fall der Qing-Dynastie aber nie de jure legitimiert worden. Die chinesische Republik unter Chiang Kaishek musste sie zwar de facto hinnehmen, liess aber wiederholt ihre Territorialansprüche verlauten. Der russische Sieg im Zweiten Weltkrieg veränderte die Situation. Die Sowjetunion unterstützte die mongolischen Unabhängigkeitsbestrebungen, um einen Pufferstaat zu installieren. 1945 gelang es ihr, ihre amerikanischen und britischen Alliierten an der Konferenz von Jalta (siehe Fussnote 12) von der Notwendigkeit eines solchen zu überzeugen. Kurz darauf anerkannte die damalige Republik China die Unabhängigkeit der Mongolei. Im Gegensatz dazu bestätigte der Westen im Anschluss an den Zweiten Weltkrieg, trotz Verlautbarungen etwa in der Atlantik-Charta (siehe Fussnote 9), stets den chinesischen Hoheitsanspruch über Tibet (Goldstein 1997:40).

4   Der Beginn der Schweizer Entwicklungszusammenarbeit mit Nepal

4.1   Das Internationale Komitee vom Roten Kreuz

Die Flucht des 14. Dalai Lama und seiner Anhänger bedeutete für die südlich von Tibet gelegenen Länder, Indien, Nepal und Bhutan, eine erhebliche logistische Herausforderung (BAR 2009). Allein in Nepal mussten mehrere tausend Tibeter, die in zahlreichen Kleingruppen die Grenze überquerten, mit Nahrung und Kleidung versorgt und medizinisch betreut werden. 1960 startete das Internationale Komitee vom Roten Kreuz (IKRK) unter Mitwirkung des Schweizerischen Roten Kreuzes (SRK) auf Ersuchen der nepalesischen Regierung ein umfangreiches Hilfsprogramm in Nepal. Zu jener Zeit wusste man in Genf aber nicht viel mehr, als dass sich schätzungsweise 20'000 Tibeter im Land befanden, konzentriert auf die Distrikte Dolpo und Mustang im Nordwesten sowie Solukhumbu im Nordosten. Das Rote Kreuz sah sich recht unvermittelt mit der Notlage der tibetischen Flüchtlinge konfrontiert, und so mussten die ersten Lebensmittelverteilungen ohne sorgfältige Vorabklärungen und unter weitgehend unbekannten Voraussetzungen in Angriff genommen werden. (Hagen 1988:274–275; Högger 1975:28/129; Messerschmidt 1997:209–213; von Fürer-Haimdorf 1990:20–22).

Es war fast unvermeidlich, dass es in der Anfangsphase zu praktischen und konzeptionellen Fehlern kam, die in späteren Jahren korrigiert werden mussten. Dennoch schuf das IKRK mit der Gründung tibetischer Siedlungen in Jawalakhel, Dhorpatan, Chialsa und Tashi Palkhiel über das humanitäre Hilfsprogramm hinaus jene Grundlagen für eine längerfristige Aufbauarbeit, wie sie später von den schweizerischen Nachfolgeorganisationen DftZ und SHAG in die Wege geleitet wurde. Als sich abzeichnete, dass eine Rückkehr der Flüchtlinge unwahrscheinlich bleiben würde und landwirtschaftliche und handwerkliche Arbeitsplätze geschaffen werden mussten, war ein Übergang von der anfänglichen Soforthilfe zur technischen Aufbauarbeit unvermeidlich. Ein langfristiges Engagement dieses Ausmasses überstieg jedoch die Kapazitäten des Roten Kreuzes. Deshalb bat die nepalesische Regierung die Schweiz, die Federführung bei den weiteren Arbeiten zu übernehmen, worauf der noch junge DftZ mit der Aufgabe betraut wurde und die Mitarbeitenden des IKRK abgelöst werden konnten (Högger 1975:28/130).[99]

---

[99] Diejenigen Mitarbeiter, welche 1963 vom IKRK zum DftZ wechselten, mussten sich plötzlich mit bescheideneren Löhnen zufrieden geben. Ganz allgemein waren die damals in Nepal aktiven Schweizer bezüglich ihren Gehältern im Vergleich zu den Ansätzen anderer ausländischer Organisationen eher schlechter gestellt (BAR 1962c:2; Högger 1968:61–62).

4.2 Das Schweizerische Rote Kreuz

Da die finanziellen und organisatorischen Möglichkeiten des IKRK von Beginn an beschränkt waren, war es als Träger der ersten Flüchtlingshilfsaktion in Nepal auf die Unterstützung nationaler Rotkreuzgesellschaften angewiesen. Das Schweizerische Rote Kreuz (SRK) stellte Geld sowie Ärzte und Krankenschwestern zur Verfügung;[100] sein Status wurde allerdings nie in einem direkten Vertrag mit den nepalesischen Behörden, sondern ab Ende 1964 im Rahmen einer Vereinbarung zwischen den Regierungen der Schweiz und Nepal definiert.[101] Von 1963 an war das SRK zuständig für die medizinische und soziale Betreuung der Flüchtlinge in den vier vom IKRK aufgebauten tibetischen Siedlungen. Im selben Jahr fand die Gründung des Nepalesischen Roten Kreuzes (NRC) statt, und bis Anfang 1966 konnten die medizinischen SRK-Dispensarien in Jawalakhel, Chialsa und Tashi Palkhiel an das NRC übergeben werden, während dasjenige in Dhorpatan wenig später vom SHAG weitergeführt wurde. 1964 übernahm das SRK, entschädigt durch das *United Nations High Commissioner for Refugees (UNHCR)*, die Hauptverantwortung bei der Verteilung der vom IKRK organisierten und von der amerikanischen Entwicklungshilfe bezahlten Nahrungsmittel für die tibetischen Flüchtlinge. Als diese Lebensmittelhilfe 1967 eingestellt wurde, kehrte der letzte Mitarbeiter des SRK in die Schweiz zurück (Högger 1968:10/13/17–18/57/59–60/63).

4.3 Der Dienst für technische Zusammenarbeit

Am 17. März 1961 begründete der Bundesrat die offizielle Schweizer Entwicklungszusammenarbeit, indem er einen ersten Delegierten des Dienstes für technische Zusammenarbeit (DftZ) wählte. 1976 erfolgte eine Umbenennung des DftZ in Direktion für Entwicklungszusammenarbeit und humanitäre Hilfe (DEH); seit 1996 lautet die offizielle Bezeichnung Direktion für Entwicklung und Zusammenarbeit (DEZA). Von Beginn an war Nepal ein Schwerpunktland der schweizerischen bilateralen Hilfe und hat diesen Status bis heute nicht verloren (DEZA 2011d). Nachdem der DftZ in Nepal bereits die frühen Tätigkeiten des SHAG (siehe Kapitel 2.6) finanziell unterstützt hatte, engagierte er sich 1963 erstmals direkt mit einem technischen Hilfsprogramm. Konkret übernahm er auf Bitten der nepalesischen Regierung die Verantwortung für die Ansiedlung tibetischer Flüchtlinge. Nach aussen lief die Aktion unter dem Namen *Swiss Association for Technical Assistance (SATA)* (Högger 1975:14/28/42).

---

100 Ende 1960 stellte das SRK dem IKRK erstmals 25'000 Franken für die tibetischen Flüchtlinge zur Verfügung. Später übernahm es sämtliche Kosten für die Hilfe im Solukhumbu (Högger 1968:4–5).
101 Der Delegierte des SRK in Kathmandu war allerdings nie bereit, sich dem Vertreter des Bundes in mehr als rein administrativen Dingen unterzuordnen, obwohl dieser gegenüber der nepalesischen Regierung die Verantwortung für die gesamte Aktion trug. Dass das SRK und der DftZ über diesen Punkt keine vertragliche Regelung vereinbarten, war dem Verhältnis zwischen den beiden Teamleitern nicht förderlich (Högger 1968:63).

4.4 Die Swiss Association for Technical Assistance

Gemeinsam mit dem SHAG startete der DftZ 1963 das Programm *Swiss Association for Technical Assistance Handicraft Centers (SATA Handicraft Centers)*, welches den Tibetern ein Auskommen verschaffen sollte. Während die Verantwortung beim Landwirtschaftsprojekt in Dhorpatan, das der DftZ als Regieprojekt an das SHAG übertrug, noch einigermassen klar verteilt war, lag sie bei den Teppichprojekten von Jawalakhel, Chialsa und Tashi Palkhiel zumindest anfangs eher in der Schwebe. Nachdem zunächst ein Gleichgewicht von staatlichem DftZ und privatem SHAG angestrebt wurde, lagen die Kompetenzen für die Teppichprojekte bald nur noch beim Bund. Trotzdem wurde die Aktion offiziell unter dem Namen SATA weitergeführt. Man sah darin Vorteile, denn das SHAG, dessen Übersetzung im Englischen dem Programmnamen SATA entsprach, hatte in Nepal seit Jahren einen guten Ruf und stand seit 1959 mit der nepalesischen Regierung in einem Vertragsverhältnis, während zu dieser Zeit ein Vertrag zwischen der Schweiz und Nepal noch nicht zustande gekommen war. Der Kontinuität zuliebe blieb man dabei, das neue SATA-Programm gegenüber den nepalesischen Behörden weiterhin durch das SHAG vertreten zu lassen. Die seltsame Regelung des Verhältnisses zwischen DftZ und SHAG schuf aber viele unnötige Schwierigkeiten in einer ohnehin schwer überblickbaren Aufgabe. Erst Anfang 1968 kam es zur Bildung eines Koordinationsorgans, welches der nepalesischen Regierung als geschlossene Gesamtleitung gegenübertreten konnte und die in bislang unterschiedlichsten Verträgen geregelten Programme einheitlich vertrat. Ab 1970 war Rudolf Högger[102] erster Koordinator der schweizerischen Entwicklungszusammenarbeit in Nepal und sowohl Teamleiter des DftZ wie auch des SHAG. Trotz der genannten Schwierigkeiten gelang es der SATA, bis Ende der 1960er Jahre in vier verschiedenen Siedlungen für mehr als 2000 Tibeter neue Lebensgrundlagen zu schaffen (BAR 1969; Högger 1968:28/68–73).

4.5 Möglichkeiten und Grenzen der involvierten Organisationen

Um die Tibeter in Nepal bemühte sich bereits zu Beginn der 1960er Jahre eine erstaunliche Anzahl von Amtsstellen und Hilfswerken. Rudolf Högger (1968:56–59/62–63) beschreibt die Situation folgendermassen: „Die Tibeteraktion war nie nach rationalen Gesichtspunkten organisiert worden, sondern sie war ein im Laufe der Zeit durch ‚kalte Progression' entstandener Apparat, der auf einer Summe von praktischen, persönlichen und politischen Umständen beruhte." Insgesamt listet er 16 finanziell beteiligte Institutionen auf, unter anderen:

---

102 Rudolf Högger berichtet von seinen Erkenntnissen aus den Jahren 1970 bis 1974 in seinem 1975 erschienenen Buch „Die Schweiz in Nepal – Erfahrungen und Fragen aus der schweizerischen Entwicklungszusammenarbeit mit Nepal". Später war er DEZA-Vizedirektor (1981–1988) und Helvetas-Präsident (1991–2001).

- Nepalesische Regierung
- Tibetische Exilregierung
- Internationales Komitee vom Roten Kreuz (siehe Kapitel 4.1)
- Schweizerisches Rotes Kreuz (siehe Kapitel 4.2)
- Nepalesisches Rotes Kreuz (siehe Kapitel 4.2)
- Dienst für technische Zusammenarbeit (siehe Kapitel 4.3)
- Schweizerisches Hilfswerk für aussereuropäische Gebiete (siehe Kapitel 2.6)
- *Nepal International Tibetan Refugee Relief Committee* (siehe Kapitel 6.1)
- *United Nations High Commissioner for Refugees*

Diese Konstellation hatte zur Folge, dass verschiedenste Stellen bei der Realisierung von Projekten Mitspracherecht forderten, ohne dabei jedoch die Verantwortung für das Ganze tragen zu können. Kompetenzprobleme aufgrund unklarer Verantwortungs- und Zuständigkeitsbereiche waren unvermeidlich, denn obwohl der DftZ finanziell am meisten leistete, genoss er keineswegs eine Hegemonialstellung. Eine weitere Herausforderung war die Formulierung einer gemeinsamen wirkungsvollen Politik unter Berücksichtigung der nicht kongruenten Grundsätze der verschiedenen Hilfsorganisationen. Rotes Kreuz und UNHCR legten für ihre Nothilfe prinzipiell keine Grenzen fest. Im Gegensatz dazu musste sich die technische Hilfe des DftZ beschränken, wenn sie wirkungsvoll sein wollte. Von Beginn an orientierte man sich an festgelegten Grundsätzen, etwa der Förderung der vorhandenen wirtschaftlichen Kräfte mit Fokus auf die Lebensmittelproduktion. Der Leitgedanke lautete „Hilfe zur Selbsthilfe". Technische Hilfe sollte:

- ohne Rücksicht auf das jeweilige politische System geleistet werden
  (Zusammenarbeit gemäss der Universalität der Schweizer Aussenbeziehungen)
- vom Empfängerland finanziell mitgetragen werden
  (Zusammenarbeit auf Basis der Mitverantwortung)
- sich sinnvoll in die lokale ökonomische und soziale Entwicklung eingliedern
  (Zusammenarbeit mit hohen Qualitätsbestrebungen)

Als Kleinstaat wollte die Schweiz bevorzugt kleine Nationen unterstützen. Das Bergland Nepal schien darüber hinaus wegen seiner geografischen Ähnlichkeit ideal (BAR 1962b; 1962c:1). Heute – über ein halbes Jahrhundert später – bezeichnen böse Zungen Nepal als Eldorado für Entwicklungshilfeorganisationen. Alleine in Kathmandu haben mittlerweile über hundert Nichtregierungsorganisationen eine Niederlassung (FTB 2011:37–39). Wie sich später in dieser Arbeit zeigen wird, ist es der Schweiz in Anbetracht dieser Dichte an Ideen und Projekten durchaus gelungen, in Nepal nachhaltige Spuren zu hinterlassen. Der nächste Teil erläutert als Exkurs den Tibet-Teppich, welcher in der Entwicklungszusammenarbeit mit den tibetischen Flüchtlingen in Nepal erfolgreich als Mittel zur Selbsthilfe eingesetzt wurde.

5 Exkurs II – Tibet-Teppiche im Wandel der Zeit

Die Teppichknüpferei ist nur eine von zahlreichen textilen Handwerken Tibets: Tibetische Männer und Frauen weben Bänder, stricken Kleidungsstücke, fertigen Filz und machen Flechtarbeiten (Denwood 1974:25). Verwendete Muster haben oftmals religiöse Bedeutung oder finden zumindest ihren Ursprung im Sakralen. Dennoch wurden die textilen Fähigkeiten in der Region im Gegensatz zu den religiösen Künsten nie sehr hoch geschätzt (Cole 2010:26).

Dieser zweite Exkurs widmet sich dem Tibet-Teppich und dient als Einführung zum nächsten Teil dieser Arbeit, in welchem das SATA-Programm des DftZ dargelegt wird, dessen Ziel es war, die langfristige wirtschaftliche Eigenständigkeit der Tibeter in Nepal durch die Produktion und den Verkauf von Teppichen sicherzustellen.

Abbildung 3: Von vier flammenden Edelsteinen umgebener frontal blickender gehörnter Donnerdrache mit blauen Schuppen; eingefasst von einer breiten Borte, welche die acht daoistischen Attribute zeigt, darunter Fächer, Schwert, Krücke und Flöte; Thronsitzteppich khagangma; 74 x 83 cm; VMZ 24033; Fotografie Kathrin Leuenberger.

5.1 Die Ursprünge des Tibet-Teppichs

Die Ursprünge der tibetischen Teppiche gehen bis in frühe Zeiten zurück,[103] doch in Tibet hergestellt werden sie wahrscheinlich noch keine 300 Jahre.[104] Teppiche zentralasiatischer Herkunft waren aber schon vor dem 18. Jahrhundert im Himalaya zu finden, da die Region an Kreuzwegen wichtiger Karawanenrouten wie zum Beispiel der Seidenstrasse lag. Teppiche dürften Tibet nicht nur als Handelsware erreicht haben, sondern auch von Pilgern oder Gesandten als Geschenke überbracht worden sein. In den Schätzen des Potala-Palasts sollen sich Stücke aus dem 17. Jahrhundert befinden. Just zu jener Zeit erreichten Europa auch die ersten Nachrichten über chinesische Teppichmanufakturen. Unter der Qing-Dynastie (1644–1911) wurden Kenntnisse von der Teppichherstellung verbreitet und gefördert. Das Wissen zur Herstellung von Teppichen mit geschnittenem Flor gelang vermutlich im 18. Jahrhundert nach Tibet (Chodrak und Tashi 2000:25/37; Nabholz-Kartaschoff 1972:10; Olschak 1967:9–11).[105]

Als Hauptgebiete der Herstellung gelten die grösseren Städte Lhasa, Shigatse und Gyantse sowie deren Umgebung.[106] Insbesondere die Region Tsang mit Hauptort Gyantse galt als Heimat der schönsten Teppiche Tibets.[107] Ab dem späten 19. Jahrhundert begannen

---

103 Hallvard Kåre Kuløy (1982:67–69), Verfasser der ersten umfassenden Klassifikation tibetischer Teppiche, geht davon aus, dass in Asien sowohl bestimmte Techniken zur Teppichherstellung wie auch der Gebrauch von Teppichen im Allgemeinen mindestens bis auf das 5. Jahrhundert zurück datiert werden können. Philip Denwood (1974:83–84), Autor der ersten umfassenden Arbeit zum Tibet-Teppich, schreibt, dass Florteppiche in Tibet vermutlich seit mindestens 900 Jahren im alltäglichen Gebrauch sind.

104 Ein Indiz hierzu liefert jener Teil der Bevölkerung Bhutans, der um 1600 aus Tibet eingewandert ist. Diesen Menschen war das Teppichknüpfen unbekannt, obwohl sie mit den übrigen handwerklichen Fertigkeiten Tibets aus jener Zeit vertraut waren (Nabholz-Kartaschoff 1972:10; Olschak 1967:9). Bis auf Bhutan, wo das Teppichhandwerk erst mit den tibetischen Flüchtlingen ab 1959 Fuss fasste, fand es in den meisten Gebieten des tibetischen Kulturraums Verbreitung: im indischen Ladakh und Sikkim genauso wie in den traditionellen tibetischen Provinzen Ngari, Changthang, Amdo, Kham und Ü-Tsang. Einige Quellen gehen davon aus, dass im östlichen Tibet, namentlich in Amdo und Kham, vergleichsweise weniger geknüpft wurde (Denwood 1974:15; Kuløy 1982:25).

105 Wie alt die Kunst des Teppichknüpfens in Tibet tatsächlich ist, kann in Ermangelung archäologischer Funde und historischer Hinweise nicht eruiert werden. Für die Zeit vor dem 19. Jahrhundert existieren praktisch keine materiellen Nachweise. Der älteste datierte Tibet-Teppich ist in der Obhut der amerikanischen Smithsonian Institution in Washington und muss in der Zeit von 1880 bis 1885 gesammelt worden sein. Drei nur unwesentlich jüngere Stücke finden sich im Museum von Edinburgh in Schottland. Zwei davon wurden wohl ursprünglich von Mitgliedern der Younghusband-Expedition (siehe Kapitel 3.1) mitgebracht (Kuløy 1982:67; Piccus 2011:11).

106 In den verschiedenen Regionen entwickelten sich unterscheidbare Stilrichtungen, die dennoch durch parallele Einflüsse miteinander verbunden waren (Chodrak und Tashi 2000:36). Es herrschen jedoch Zweifel darüber, ob Lhasa, Shigatse und Gyantse tatsächlich eigentliche Produktionszentren waren oder vielmehr als Marktplätze für die in ihrer näheren Umgebung in Heimarbeit hergestellten Teppiche dienten (Nabholz-Kartaschoff 1972:10). Denn im Gegensatz zu China und Indien, wo die Teppichherstellung auf einzelne Gebiete konzentriert war, kann man in Tibet von einer weit verbreiteten „Volkskunst" sprechen (Kuløy 1982:22). Trotzdem ist anzunehmen, dass insbesondere die qualitativ hochwertigen Teppiche in spezialisierten Werkstätten gefertigt wurden.

107 Philip Denwood (1974:15) vermutet, dass sich die in Shigatse und Gyantse hergestellten Teppiche qualitativ entsprachen.

dort Grundbesitzer Knüpferinnen und Knüpfer in Werkstätten zu beschäftigen.[108] Einige Teppiche dieser Betriebe wurden, als sich die Exportnachfrage nach der gewaltsamen britischen Öffnung Tibets mit dem Abschluss des anglo-tibetischen Abkommens von 1904 erhöhte (siehe Kapitel 3.1), nach Indien ausgeführt. In den 1920er und 1930er Jahren soll auch in Lhasa, wo sich eine beachtliche Nachfrage nach qualitativ guten Teppichen entwickelte, die Mehrzahl der aristokratischen Elite Knüpfstühle besessen haben, an welchen sie Teppiche für den Eigenbedarf wie auch für klösterliche Darbringungen produzieren liess. Mit dem Tibet-Aufstand von 1959 (siehe Kapitel 3.7) brach die heimische Teppichherstellung ein; nach dem Ende der Kulturrevolution 1976 kam es in Tibet jedoch langsam zu einer Wiederbelebung.[109] Ab Mitte der 1980er Jahre ergaben sich im postkulturrevolutionären Tibet sogar Möglichkeiten des internationalen Handels. Bis heute konnte das tibetische Handwerk in seiner Heimat allerdings nicht annähernd das industrielle Niveau erreichen, wie es Exiltibeter in den 1960er Jahren in Nepal initiierten (siehe Kapitel 6.4), wo zuvor keine Tradition des Teppichknüpfens existierte. Durch die Exporte dieser sogenannten „Nepal-Tibeter" (siehe Kapitel 6.4.2) erlangte der Tibet-Teppich ab Mitte der 1970er Jahre in Europa einen grossen Bekanntheitsgrad (Chodrak und Tashi 2000:35–40/53/60–61; Denwood 1974:12–15; Kuløy 1982:67–69; VMZ 2008b).

Abbildung 4: Zwei sich auf dunklem Innenfeld über die Schulter anschauende Schneelöwen; Rückenteppich yabyö; 31 x 66 cm; VMZ 24004a; Fotografie Silvia Luckner.

---

108 Strategisch günstig gelegen, an der Hauptroute zwischen Lhasa und Sikkim sowie geografisch vorteilhaft platziert in einem fruchtbaren Tal, verfügte die Bevölkerung in Gyantse über genügend Mittel und arbeitsfreie Zeit, um sich Knüpfstühle zu leisten – in den 1930er Jahren soll jede Familie im Besitz von mindestens einem Knüpfstuhl gewesen sein – und um Teppiche für den Eigengebrauch, den Tausch oder den Verkauf herzustellen. Die Werkstätten zählten nicht viel mehr als 20 bis 30 Angestellte und produzierten mehrheitlich für den lokalen Gebrauch. Seltsamerweise kam es trotz der günstigen Lage nur sporadisch zu Teppichgeschäften mit südlichen Nachbarn. Einzig die Newar Kathmandus begehrten schmale Läufer für Heiratszeremonien und andere Festivitäten wie beispielsweise die sogenannte *rice feeding ceremony*, bei welcher Säuglinge zum ersten Mal mit Reis als fester Nahrung gefüttert werden. Für die Tibet-Teppiche entscheidend war immer der Binnenmarkt (Chodrak und Tashi 2000:35–36; Denwood 1974:14; Kuløy 1982:226).

109 Die chinesische Regierung begann damit, traditionelles Handwerk im Allgemeinen und die Knüpfteppichproduktion im Besonderen zu intensivieren. Dies geschah auch vor dem Hintergrund der rasanten Bevölkerungszunahme Chinas (Gans-Ruedin 1981:8).

5.2 Der Teppich als Teil von Tibets Alltagskultur

Das Knüpfen von Teppichen ist Teil des kulturellen Erbes Tibets. Es ist altes Handwerk und wurde nicht primär als Kunst betrachtet. Anders als im Westen wurden Teppiche selten auf dem Boden liegend verwendet. In erster Linie dienten sie als Polsterbelag für Sitze und Liegen[110] oder als Satteldecken[111] für Pferde. Des Weiteren wurden Tür-[112] und Wandbehänge gefertigt sowie Säulen-[113] und Thronteppiche für den Klosterbedarf. Die Stücke dienten bis zu ihrem Zerfall, weshalb nur wenige erhaltene Exemplare älter als 100 Jahre sind (Denwood 1974:9–12; Gans-Ruedin 1981:167; VMZ 2008b).

Die augenscheinliche Vielfalt an Teppichen erklärt sich durch den volkstümlichen Charakter der Teppichknüpferei in Tibet. Die Herstellung war nie irgendwelchen Konventionen unterworfen wie beispielsweise die religiösen Künste der Mandala-Herstellung oder der Thangka-Malerei.[114] Der Grund liegt darin, dass die Stücke primär für den Haushalt und praktische Aktivitäten im Alltag angefertigt wurden. Zusätzlich führte die verbreitete Form der dezentralen Heimarbeit für Teppiche des privaten Gebrauchs zu einer unwahrscheinlichen Fülle an Muster- und Farbkombinationen. Dennoch war der tibetische Charakter stets deutlich zu erkennen. Bis auf sogenannte Paarteppiche und explizit in Auftrag gegebene Kopien gab es keinen Teppich zweimal (Chodrak und Tashi 2000:36/51).

Die nachfolgenden zwei Abbildungen sind Ausschnitte von Tibet-Fotografien von Heinrich Harrer (siehe Fussnote 136) aus den 1940er Jahren und veranschaulichen den alltäglichen Gebrauch der Teppiche als Pferdesatteldecken (siehe Fussnote 111). Dazu werden die Originallegenden aus Heinrich Harrers Album aufgeführt.

---

110 Die Sitz- und Schlafteppiche *khaden* und die Kissenteppiche *jabuye* sind die am meisten verbreiteten Tibet-Teppiche (Kuløy 1982:8). Sie können ohne grosse Umstände auf dem Dach oder im Innenhof verlegt werden, um im Freien das sonnige Wetter zu geniessen. Genauso ist es möglich, sie zu Picknicks, einer beliebten tibetischen Freizeitaktivität, mitzunehmen (Denwood 1974:11).

111 Pferdedecken schützen die Tiere vor Dampf und polstern die vorwiegend hölzernen Sättel nach oben und unten. Die rechteckige Obersatteldecke *masho* ist kleiner als die Untersatteldecke *makden*. Die beiden sind immer musterverwandt und ergeben zusammen ein Paar. Um die in der Form spezielle Untersatteldecke zu erhalten, werden jeweils zwei separate Teppichteile gefertigt und anschliessend zusammengenäht (Denwood 1974:71–73; Gans-Ruedin 1981:175; Olschak 1967; VMZ 2008b:2–5). Hallvard Kåre Kuløy (1982:27–30) unterscheidet bei den Untersatteldecken verschiedene Varianten: die ältere, löffelbiskuitähnliche mongolische Form, die weit verbreitete rechteckige, aristokratische Form mit hinten eingerückten Ecken und die modernere, von der britischen Kavallerie Younghusbands (siehe Kapitel 3.1) übernommene, trapezartige Schmetterlingsform. Dekoriert wurden die Pferde mit dem ebenfalls geknüpften Stirnschmuck *tekheb* (siehe Abbildung 5 und Abbildung 6).

112 Die Türteppiche *goyo* sind Substitute der gebräuchlichen tibetischen Türbehänge, welche aus Baumwolle, Wolle oder Yak-Haar bestehen und die Sonne und den Staub abhalten sowie gleichzeitig die Luft zirkulieren lassen sollen. Nur gelegentlich wurden Teppiche für diesen Zweck eingesetzt. Gewisse Designmerkmale der Türteppiche sind Darstellungen der gewöhnlichen Türbehänge. Oft werden sie als vierteilige Fensterrahmen mit Vorhang gestaltet (Denwood 1974:68–69; Kuløy 1982:25; VMZ 2008a:4).

113 Säulenteppiche *kathum* gibt es nur wenige. Teilweise verschmälern sie sich nach oben hin, um konische Tempelsäulen passend umhüllen zu können (Denwood 1974:12; Kuløy 1982:25).

114 Tibet war bis zur Mitte des 20. Jahrhunderts eine konservative Theokratie. Die Mehrheit der Kunstformen waren religiöser Natur und den Regeln buddhistischer Ikonographie unterworfen (Chodrak und Tashi 2000:51).

Exkurs II – Tibet-Teppiche im Wandel der Zeit

Abbildung 5: „Diener unterwegs auf dem Hochplateau von Phari"; VMZ 400 518;
Fotografie Heinrich Harrer.

Abbildung 6: „Zugefrorener See zwischen Phari und Gyantse"; VMZ 400 10/36;
Fotografie Heinrich Harrer.

5.3 Der Teppich als Träger bedeutsamer Symbole

Mit dem Handel von Gütern geht immer auch ein kultureller Austausch einher, und so veränderten sich die geknüpften Muster und Motive über die Jahrhunderte.[115] In den Tibet-Teppichen sind indische, chinesische, mongolische, turkmenische und sogar persische Einflüsse zu finden. Ein klassisches Motiv bilden die Medaillons.[116] Oft bestehen sie aus mit rankendem Blattwerk versehenen Blüten von Lotos, Päonie oder Chrysantheme[117] und sind umrandet von Bordüren mit Perlenketten, T-Mäandern oder fortlaufenden Swastiken.[118] Mythische Tiere wie Schneelöwe,[119] Drache[120] und Phönix sowie Kranich, Fledermaus, Schmetterling, Fisch und Vogel werden gerne mit Medaillons kombiniert, aber auch alleinstehend dargestellt. Manchmal sind die acht buddhistischen Glückssymbole auf den Teppichen abgebildet.[121] Die Naturelemente Wolken, Berge, Wasser oder Gischt kommen ebenfalls vor. Beliebte Muster sind das Schachbrett, Tigerfelle,[122] Froschspuren oder Diamantblumengitter (Gans-Ruedin 1981:28–30; Kuløy 1982:44–66; VMZ 2008b).

---

115 Obwohl isoliert und geschützt durch die Bergketten des Himalayas, pflegten die Tibeter seit Jahrhunderten Kontakte mit ihren Nachbarn, sei es als Siedler, Händler oder Eroberer. Somit waren kulturelle Ausdrucksformen stets den Einflüssen wirtschaftlicher und religiöser Beziehungen ausgesetzt (Denwood 1974:3; Piccus 2011:9).

116 Das Medaillon ist das am meisten verbreitete Gestaltungselement tibetischer Teppiche. Es hat seinen Ursprung in Zentralasien und China und findet Verwendung auf klösterlichen wie häuslichen Teppichen. Medaillons erscheinen oft einzeln oder in Dreiergruppen (Denwood 1974:63–66; Piccus 2011:92–93/287).

117 Die drei Blumen Lotos, Päonie und Chrysantheme werden häufig stilisiert dargestellt und können auf den Teppichen oft nur durch genaue Betrachtung der Blätter unterschieden werden (Hausammann 1992:11).

118 Die Swastika gilt als uraltes Symbol ungewissen Ursprungs und wird als Element der tibetisch-buddhistischen Ikonographie häufig dargestellt. Sie ist Gestaltungselement in klösterlichen Teppichen und taucht rechts- wie linksdrehend auf (Piccus 2011:287).

119 Der Schneelöwe, sowohl auf der Flagge als auch dem Wappen der tibetischen Exilregierung vorzufinden, wird häufig paarweise abgebildet. Gewöhnlich ist sein Körper weiss und seine Mähne farbig (Cole 2010:28).

120 Im Gegensatz zu seinem dämonischen europäischen Pendant handelt es sich beim asiatischen Drachen um ein glücksverheissendes Wesen. Der tibetische Drache wurde als Symbol aus der chinesischen Ikonographie übernommen. Er ist ein mythologisches Mischwesen und vereint Merkmale neun verschiedener Tiere in sich: den Kopf eines Kamels, die Hörner eines Hirschs, die Ohren einer Kuh, die Augen eines Dämons, den Hals einer Schlange, den Leib eines Froschs, die Schuppen eines Fischs, die Tatzen eines Tigers und die Klauen eines Adlers. Als Gegenstück zum Phönix mit seinen weiblichen Attributen verkörpert er die männliche Kraft. Kombinationen von Drache und Phönix sind auf den Teppichen oft anzutreffen und beliebte Motive bei den Tibetern. Die häufigste Anordnung jedoch beinhaltet zwei gewundene Drachen auf gegenüberliegenden Hälften eines Teppichs, die einander zugewandt punktsymmetrisch dargestellt werden. Oftmals beschützt der Drache dabei, umgeben von schwebenden Wolken, die flammenden Perlen (Beer 2003:69–72; Denwood 1974:69–70; Gans-Ruedin 1981:184/191; Hausammann 1992:11; Piccus 2011:80–81).

121 Die acht glückbringenden sakralen Motive wurden eher selten und nur für sehr spezielle Teppiche gebraucht. Ihre Symbolik ist zu heilig, um bei alltäglichen Sitz- und Schlafteppichen Verwendung zu finden (Hausammann 1992:10).

122 Der Tiger symbolisiert hohen sozialen Status, Wagemut, Tapferkeit, Kraft, Stärke und Furchtlosigkeit. Ursprünglich schmückten Tigerfelle die Throne hoher Lamas. Die Knappheit und Kostbarkeit echter Stücke führte vermutlich dazu, dass Tigerteppiche geknüpft wurden. Das stilisierte Muster

Jedes Motiv eines tibetischen Teppichs hat seine Bedeutung. Oft steht es für eine besonders geschätzte Tugend, es verspricht Schutz oder verheisst Glück und Wohlstand. Die schamanistisch geprägten Symbole wurzeln in der vor dem achten Jahrhundert dominierenden Bön-Religion Tibets und wurden über die Jahrhunderte mit buddhistischen Inhalten gefüllt. Heilige Symbole waren mitunter auch der Grund dafür, dass die Teppiche nicht auf Fussböden benutzt wurden (Olschak 1967:5/11).

Abbildung 7: Von Doppel-T-Mäandern eingefasstes Schachbrettmuster mit reichhaltigen Farbnuancen; Sitz- und Schlafteppich khaden; 149 x 87 cm; Privatbesitz Rudolf Hausammann; Fotografie Kathrin Leuenberger.

fand hauptsächlich im klösterlichen Bereich Verwendung, fand sich aber beispielsweise auch als Pferdestirnschmuck *tekheb*. Tibetische Tigerteppiche sind eher selten. Der vom Aussterben bedrohte Tiger lebte ursprünglich unter anderem im Südosten Tibets. Heute ist er in China nahezu völlig verschwunden (Lipton 1989:9–15; Piccus 2011:40–41).

5.4 Die Herstellung des Tibet-Teppichs

Rudolf Höggers (1968:74) Einschätzung zufolge waren Teppiche in Tibet nie bedeutendes Handelsgut. Ende der 1960er Jahre hatte er den Eindruck, dass für die Mehrzahl der tibetischen Flüchtlinge in Nepal die Teppichknüpferei kein traditionelles Handwerk gewesen sei. Die Herstellung habe sich, sofern sie überhaupt selbst betrieben wurde, in Heimarbeit auf den Eigenbedarf beschränkt. Nur vereinzelt gab es in Nepal tibetische Familien, die handgeknüpfte Teppiche besassen. Tibeter, die Teppiche knüpften, gehörten zu den einfacheren Bevölkerungsschichten, und so kann vermutet werden, dass diese nicht Teil der ersten Flüchtlingswellen nach Süden waren.

Der Produktionsprozess von der Rohwolle bis zum ausgearbeiteten Teppich umfasst je nach Interpretation eine unterschiedliche Anzahl von Arbeitsschritten.[123] Die wichtigsten Aspekte der traditionellen Herstellung des Tibet-Teppichs werden in den nachfolgenden Abschnitten beleuchtet. Ebenso wird auf die heutige Teppichproduktion in Nepal eingegangen.

Abbildung 8: Von vier Kranichen umgebenes Blütenmedaillon einer Chrysantheme mit sechs Blättern; eingefasst von vierfarbigen Wolkenmotiven auf safranfarbigem Grund; Kissenteppich jabuye; 80 x 56 cm; Privatbesitz Rudolf Hausammann; Fotografie Kathrin Leuenberger.

---

123 Rudolf Högger (1968:77) zählt nicht weniger als zwei Dutzend Arbeitsschritte.

5.4.1 Die tibetischen Nomaden und die Tibet-Argali Hochlandschafe

Die Hirtennomaden Tibets betreiben in Höhen zwischen 4000 und 5000 Metern über Meer extensive Viehwirtschaft in mehrheitlich ariden Permafrostgebieten, wo keine Landwirtschaft mehr möglich, aber dennoch geringe Vegetation vorhanden ist. Im streng kontinentalen Klima sind sie Temperaturschwankungen von -40° im Winter bis zu +35° Celsius im Sommer ausgesetzt. Domestizierte Schafe, Ziegen und Yaks bilden hier als wertvolles Handelsgut die Lebensgrundlage der Nomaden. Die Tiere liefern Fleisch und stark fetthaltige Milch, die zwecks Transport und Lagerung sofort zu Butter verarbeitet werden muss, sowie Leder, Felle und Wolle.[124] Nur die vollständige Verwertung dieser Roherzeugnisse unter Verwendung altbewährter Techniken erlaubt es den tibetischen Nomaden, dauerhaft in den kargen Hochebenen zu überleben (Gans-Ruedin 1981:167; Maus 1968:3; VMZ 2008b).

Das Tibetische Argali *ovis ammon hodgsoni* ist eine Unterart des Argali-Wildschafs, welches die grössten wildlebenden Vertreter seiner Art hervorbringt; die Tiere erreichen eine Schulterhöhe von bis zu 100 cm sowie ein Gewicht von bis zu 100 kg. Ihr Verbreitungsgebiet erstreckt sich entlang mehrerer Gebirgsketten Zentralasiens; die tibetische Gattung findet sich in China, Indien, Nepal und Bhutan. Das Tibetische Argali bewegt sich in einem Lebensraum kahler, hügeliger Hochebenen ab 3700 Metern über Meer und zieht im Sommer in Gefilde von bis zu 5500 Metern oder höher. Es ernährt sich von Gräsern, Blumen und Blättern (Shah 2003). Seine Wolle *changphel* ist hochelastisch, langfaserig, dicht und hat einen hohen Fettgehalt.[125] Sie ist von hervorragender Qualität und ideale Teppichwolle (Chodrak und Tashi 2000:53; Lipton 1989:159; VMZ 2008b).[126]

Erwin Gans-Ruedin (1981:167) berichtete Anfang der 1980er Jahre, dass die in Nepal lebenden Tibeter die Wolle zur Produktion der Teppiche weiterhin aus ihrer alten Heimat bezogen. Yaks transportierten die Ware durch die unwegsame Bergwelt des Himalayas. In Tashi Palkhiel werden noch heute alle Teppiche mit tibetischer Wolle geknüpft. In Jawalakhel gibt es eine Abstufung nach Qualität. Bei 100 Knoten pro Quadratzoll werden für den Flor 100% tibetische Wolle verwendet, bei 80 Knoten pro Quadratzoll sind es 80% und bei 50 Knoten pro Quadratzoll 50%. Der Restanteil besteht aus preiswerter neuseeländischer Wolle (FBR 2011:16; FTB 2011:111/202). Wie im nächsten Abschnitt genauer beschrieben, sind exakte Angaben zu den verschiedenen Wollanteilen mit Vorsicht zu geniessen, weil diese nach dem Karden der Wolle nicht mehr zweifelsfrei bestimmt werden können.

---

[124] Für lange Zeit war Wolle mit Abstand das wichtigste Exportgut Tibets (siehe Fussnote 49). Dieser lukrative Handel war nicht zuletzt ein Grund für den Einmarsch der Briten 1904 (Chodrak und Tashi 2000:52–53).

[125] Die tibetischen Hochweiden sind bekannt für ihre Schafe, deren sehr gute Wolle einen hohen Anteil an Lanolin enthält (Gans-Ruedin 1981:167; Piccus 2011:248).

[126] Neben der Hochlandwolle *changphel* der Argali kennt man in Tibet auch die Tieflandwolle *yulphel* der Tieflandschafe. Diese ist fein und kurzfädig und wird zur Herstellung von Kleidungsstücken verwendet (Chodrak und Tashi 2000:53; VMZ 2008b).

5.4.2 Die Schur der Schafe und das Karden der Rohwolle

Die Schur der Winterwolle erfolgt Ende Juli und Anfang August. Um einen günstigen Tag auszumachen, wird der tibetische Kalender konsultiert. Ein gutes Schaf liefert einige Kilogramm Wolle. Zunächst wird das gewonnene Vlies vom gröbsten Schmutz befreit und sorgfältig nach Farbtönen sortiert. Später wird es gründlich gewaschen und entfettet sowie luftgetrocknet (Goldstein und Beall 1991:100; Maus 1968:5; VMZ 2008b).

Das Karden der sortierten, aber noch immer stark verfilzten Rohwolle geschieht mit Hilfe von paarweise eingesetzten Holzkämmen in der Grösse von ungefähr 20 mal 25 cm, die auf der einen Seite mit einem Griff und auf der anderen Seite mit Metallstiften versehen sind. Abwechslungsweise wird von einem Kamm auf den anderen gebürstet, bis alle Fasern flaumig und gleichmässig aufgelockert parallel in der gleichen Richtung liegen (Maus 1968:6; VMZ 2008b). Da dieser Arbeitsschritt relativ anstrengend ist und heute häufig mit gemischten Wollqualitäten gearbeitet wird, kann davon ausgegangen werden, dass inzwischen mehrheitlich maschinell gekardet wird. Gemischte Wolle impliziert maschinelles Mischen und Karden, weil sonst keine gleichmässige Struktur der gekardeten Wolle erreicht werden kann (Hausammann 1992:17/26). In der Spinnereiabteilung von Jawalakhel bilden gegenwärtig ausschliesslich maschinell gefertigte Kardbänder das Ausgangsmaterial.

Abbildung 9: Tibeterinnen beim Karden im Jawalakhel Handicraft Center; Kathmandu 1977–1982; Fotografie Rudolf Hausammann.

Exkurs II – Tibet-Teppiche im Wandel der Zeit 49

Abbildung 10: Tibeterin mit Handspindel im Tashi Ling Handicraft Center; Pokhara 2011;
Fotografie Christoph Müller.

5.4.3 Das Spinnen der Wollfasern

Durch fortlaufendes Verziehen und Verdrehen der gekardeten Wollfasern entsteht ein Faden. Dreht man nach rechts, spricht man von Z-Drehung, nach links von S-Drehung. Hierfür benutzt man traditionellerweise eine Handspindel mit Wirtel. Dabei ergibt sich der Arbeitsprozess aus abwechslungsweisem Spinnen und Aufwickeln des Fadens. Im Allgemeinen besteht die Handspindel aus einem ungefähr 30 cm langen, runden Holzstab, der zur Aufnahme des gesponnenen Fadens dient, an beiden Enden zugespitzt ist und einen Durchmesser von etwa 1 cm aufweist. Bis zur dicksten Stelle des Spindelstabs, die ungefähr im unteren Drittel liegt, wird von oben her der Wirtel geschoben. So wird der Spindelstab beschwert und die Schwungmasse während des Spinnens erhöht. Der Wirtel besteht meist aus einer runden, durchbohrten Scheibe aus Holz, Stein, Ton, Knochen oder Metall und hat einen Durchmesser von ungefähr 5 cm (Maus 1968:6).

Die Arbeit mit der Handspindel beginnt damit, zuerst einige Wollfasern mit den Fingern zu einem Faden zu strecken und zu drehen. Das so gewonnene kurze Stück Faden wird mit einer Schlinge am Haken oder der Nut der oberen Spindelspitze befestigt. Nun wird mit der einen Hand die am Faden hängende Spindel in Drehung versetzt, während die andere kontinuierlich neues Material zuführt, das in der gewünschten Fadenstärke ausgezogen wird, bevor es verdreht werden kann. Die optimale Technik, um die zugeführten, parallel gekardeten Fasern in die Verdrehung überzuleiten, bildet das mit den Fingern aufgezogene Faserdreieck. So kann der Drall des bereits bestehenden Fadens in die noch losen Fasern hineinfliessen und diese zu einem Faden verdrehen. Sobald die Spindel den Boden berührt, wird die Schlaufe am oberen Ende gelöst und der Faden auf die Spindel aufgewickelt. Das letzte Fadenstück wird wieder an der oberen Spitze der Spindel mit einer Schlinge befestigt und dann wiederholt sich der Vorgang, bis die Spindel mit Garn vollgewickelt ist (Kocher 2012; Maus 1968:6–7).

Abbildung 11: Tibeter mit Spinnrad im Jawalakhel Handicraft Center; Kathmandu 1977–1982; Fotografie Rudolf Hausammann.

Das in Tibet nur vereinzelt eingesetzte Spinnrad vereint die beiden Arbeitsschritte des Spinnens und Aufwickelns des Fadens, die bei der Verwendung der Handspindel getrennt anfallen. Durch Veränderung des Winkels der zuführenden Wollfasern kann fortlaufend zwischen den beiden Schritten gewechselt werden (Maus 1968). Da der Arbeitsgang des Spinnens um einiges arbeits- beziehungsweise personalintensiver ist als jener des Knüpfens (Kocher 2012), bot sich in den tibetischen Handwerkszentren Nepals das Spinnrad als effizienzsteigernde Massnahme an. Nachdem je eine Spinnerin aus Jawalakhel und Tashi Palkhiel am nepalesischen Handspinnrad ausgebildet worden war, begannen im September

1965 die ersten Umschulungskurse. Dank dieser Massnahme konnte ein hinderlicher Engpass im Produktionsablauf ausgemerzt werden. Die Garnproduktion steigerte sich zum Teil in kürzester Zeit um 100% (Högger 1968:80). Gegenwärtig wird in Jawalakhel mit dem nepalesischen Handspinnrad und in Tashi Palkhiel mit Spinnrädern und Handspindeln gesponnen, wobei in Jawalakhel etwa 20 und in Tashi Palkhiel vier Tibeterinnen als Spinnerinnen tätig sind. Viele dieser Frauen sind schon sehr betagt und gingen seit ihrer Ankunft in Nepal vor ungefähr 50 Jahren immerzu dieser Aufgabe nach. Manche von ihnen sind auch ehemalige Knüpferinnen mit langjähriger Erfahrung (FBR 2011:15; FTB 2011:70/110).

Das Spinnen des Fadens ist einer der wichtigsten Arbeitsschritte bei der Herstellung eines Teppichs. Schon hier müssen die spezifischen Bedürfnisse des angestrebten Endprodukts berücksichtigt werden. Verschiedene Arten von Spindeln ermöglichen die Herstellung unterschiedlich dicker Fäden. Je dünner der Faden, umso höher die Knotendichte des Teppichs. Die Eigenschaften Fadendicke, Fadendichte, Knotenanzahl und Florlänge stehen in engem Zusammenhang und sind entscheidende Qualitätsmerkmale (Goldstein und Beall 1991:101; Kocher 2012). Maschinell gesponnene Fäden sind dünn und regelmässig durchgefärbt. Ein mit qualitativ hochstehender Wolle, von Hand gesponnener Faden hingegen nimmt die Farbe unterschiedlich an und garantiert eine reichhaltige Farbpalette. Um diese gewollt lebendige Struktur farblich wieder etwas anzugleichen, werden später beim Knüpfen immer gleich mehrere Wollfäden auf einmal verwendet (Hausammann 2012).

5.4.4 Das Färben des Garns

Die natürlichen Farbausprägungen der tibetischen Wolle variieren zwischen weiss, hellgrau, beige und braun bis hin zu fast schwarz. Darüber hinaus wurde seit Jahrhunderten mit pflanzlichen, tierischen und mineralischen Farbstoffen gefärbt. Aus Lackmus, Cochenille oder Safran konnte Rot gewonnen werden. Walnuss ergab Braun. Berberitze, Buchweizen und Rhabarber lieferten Gelb. Importe aus benachbarten Ländern liessen weitere Kolorierungen zu. Indigo aus Indien erlaubte Blaufärbungen, und Krapp aus Bhutan und Nepal ermöglichte verschiedenste Rottöne. Gegen Ende des 19. Jahrhunderts setzte die Verbreitung von synthetischen Farbstoffen ein, die über Indien allmählich auch Tibet erreichten. Trotz Kostennachteilen verdrängten nach und nach die stets verfügbaren und einfach verwendbaren Anilinfarben dank Leuchtkraft und Farbechtheit die ursprünglichen Naturfarben (Kuløy 1982:22–24/40–43; Maus 1968:7).

Der eigentliche Färbprozess erfolgt in einem Bottich, der über einer Feuerstelle erhitzt wird und mit in Wasser verdünnter Farbe gefüllt ist. Dunklere Tönungen wie braun, rot oder blau erfordern eine stärkere Erhitzung, was die Wolle leiden und an Haltbarkeit einbüssen lässt. Sobald die gewünschte Temperatur erreicht ist, kann die Wolle bündelweise gefärbt werden. Dies geschieht mit Hilfe einer konstant zu drehenden Rolle, welche über dem Bottich montiert ist und die daran befestigten Wollbündel immer wieder in die wässrige Farbmischung eintaucht. Die so erreichte regelmässige Sauerstoffzufuhr ermöglicht eine viel gleichmässigere Färbung als das frühere blosse Einlegen der Wollbündel in erhitzte Farblösungen. Zuletzt wird die dampfende Wolle zum Abtropfen aufgehängt, wobei durch das Gewicht der nassen Wolle das Garn glattgezogen wird (Hausammann 2012; Maus 1968:7/9). Grundsätzlich ist Wolle als Material recht schwierig zu färben. Entscheidend sind die exakten Anteile der verschiedenen Wollsorten (Kocher 2012). Traditionell wurden die Farblösungen über offenen Feuerstellen mit Holz erhitzt. Da Temperaturschwankungen das Färben aber negativ beeinflussen, wird heute dank der einfacheren Regulierung vorwiegend Gas als Energieträger benutzt. Gemäss eigenen Angaben wird in Tashi Palkhiel derzeit immer noch gefärbt, wohingegen Jawalakhel diesen Produktionsschritt ausgelagert hat (FTB 2011:202).

Bei der farblichen Beurteilung eines Teppichs ist zu berücksichtigen, dass die Farbtöne mit der Zeit ausbleichen können. Was zum Beispiel heute gelbbraun oder braun scheint, war ursprünglich ein leuchtendes Orange. Dieser zu erwartenden Abschwächung der Farbintensität wird jedoch oft schon bei der Produktion Rechnung getragen (Ford und Ford 1989:162–163; Gans-Ruedin 1981:20).

5.4.5 Das Knüpfen des Teppichs

Die Fachwelt unterscheidet zwischen gewebten und geknüpften Teppichen.[127] Tibetische Teppiche sind Knüpfteppiche und zeichnen sich durch ein einzigartiges Knüpfverfahren aus. Der Tibetische Knoten wird mit Hilfe eines Knüpfstabs gebunden. Die verwendete Schlingentechnik basiert auf der Senneh-Schlinge, welche bereits in der Antike angewendet wurde und in weiten Teilen der Welt verbreitet war.[128] Bis heute hat sie sich nebst Skandinavien vorwiegend in Tibet erhalten (Collingwood 1969:219–221; Denwood 1974:90–92; VMZ 2008b).

Die gegenwärtig in den tibetischen Handwerkszentren von Indien, Nepal und Bhutan verwendeten Knüpfstühle unterscheiden sich nur wenig von den traditionellen Hochwebstühlen, wie sie in Tibet zum Knüpfen gebraucht wurden. Das begrenzte Format dieser vertikalen Knüpfstühle (siehe Abbildung 12) bedingt die tendenziell kleinen Formate der Teppiche.[129] Grössere Exemplare wie etwa schmale Läufer (siehe Fussnote 108) wurden aus mehreren Teilstücken zusammengenäht. Die eingespannten Längsfäden (Kette)[130] und

---

127 Unter den geknüpften Florteppichen differenziert Peter Collingwood (1969:226–234) im Wesentlichen drei verschiedene Arten von Knoten: den Ghiordes oder Türkischen Knoten, den Senneh (auch Senna bzw. Sehna) oder Persischen Knoten sowie den Spanischen Knoten. Die beiden ersten zählen zu den massgeblich verwendeten Typen im asiatischen Raum. Die Tibeter aber verwenden einen gänzlich anderen Knoten. Basierend auf der Technik der Senneh-Schlinge, nennt man ihn Tibetischen Knoten (Denwood 1974:90–92; Kuløy 1982:36–39).

128 Schlingen dieser Art wurden in Dura Europos (Syrien) am Euphrat und Jericho (Westjordanland) am Jordan zwischen dem vierten Jh. v. Chr. und dem dritten Jh. n. Chr. ausgemacht. Weitere Funde datieren um 400 n. Chr. und gehen zurück auf ägyptische Textilien. Zu jener Zeit sollen in grossen Teilen des oströmischen Byzantinischen Reichs und des persischen Sassaniden Reichs Florteppiche produziert worden sein. Letzteres erstreckte sich bis zu den Grenzen von Chinesisch Turkestan (Uigurisches Autonomes Gebiet Xinjiang), wo Teppichfragmente aus dem dritten und vierten Jh. n. Chr. gefunden wurden, einige davon hergestellt mit der Senneh-Schlingentechnik. Es scheint wahrscheinlich, dass die Tibeter diese Technik zur Zeit der grössten Ausdehnung des tibetischen Königreichs Ende des achten Jh. n. Chr. während der Besetzung Chinesisch Turkestans kennenlernten (Collingwood 1969:219–221/230–232; Denwood 1974:90–92).

129 Die Länge der vertikalen Knüpfstühle wurde bestimmt durch die Länge der Kettfäden. Gerade wollene Kettfäden, wie sie früher häufig verwendet wurden (siehe Fussnote 132), sind nicht sehr strapazierfähig und über grössere Strecken nur schwierig zu spannen (Hausammann 2012).

130 Der Kettfaden tibetischer Teppiche ist fortlaufend, wodurch eine ausgeglichene Bespannung des Knüpfstuhls mit relativ geringem Arbeitsaufwand erreicht werden kann. Sobald die Knüpfarbeit

die während dem Knüpfen eingelegten Querfäden (Schuss)[131] bilden das Fadengerüst und bestehen aus Wolle oder Baumwolle.[132] Der hineingeknüpfte Flor besteht immer aus Wolle. Links beginnend, wird der Wollfaden jeweils um zwei Kettfäden und den davor liegenden metallischen Knüpfstab geführt, welcher durch seine Dicke die angestrebte Florhöhe bestimmt. Ist eine Knotenreihe vollständig, wird je ein Schussfaden von links und von rechts eingelegt und danach alles mit einem Holzhammer ins Grundgewebe hinuntergehämmert. Dann werden die Florknoten mit einem Messer aufgeschnitten und mit der Schere grob auf ein gleichmässiges Niveau geschoren. Zuletzt werden links und rechts mit einem von unten nach oben in Knüpfrichtung fortlaufenden Faden die Seitenkanten verstärkt. Dieser mitgeführte Faden umschlingt jeweils die äussersten paar Kettfäden. Nachdem die Webkante gesichert ist, folgt die nächste Knotenreihe. Genauso wie die Seitenkanten müssen auch die Anfangs- und Endkanten des Tibet-Teppichs speziell bearbeitet werden. Teppichanfang und Teppichende werden häufig mittels Grundschuss eingeleitet respektive abgeschlossen. Der Grundschuss entspricht der normalen Leinwandbindung, bei welcher der Schussfaden abwechslungsweise über und unter den einzelnen Kettfäden hindurchgeht (Denwood 1974:26; Ford und Ford 1989:155–159; Kocher 2012; VMZ 2008b).

Die Vorteile der beschriebenen tibetischen Schlingentechnik liegen in der hohen Knüpfgeschwindigkeit und dem geringen Materialverlust. Die Feinheit der Knüpfung, bei Orientteppichen ein Qualitätsmerkmal, spielt beim Tibet-Teppich nur eine untergeordnete Rolle. Verglichen mit persischen Teppichen sind sie grob, aber trotzdem sehr eng gearbeitet, da das Garn bei Verwendung von mehrfädiger Wolle dicht geknüpft und danach noch festgeschlagen wird (Gans-Ruedin 1981:168; Kocher 2012; VMZ 2008b).

---

  fertig ist, kann er oben und unten durchgeschnitten werden, um an beiden Enden offene Fransen zu bilden. Alternativ bleiben geschlungene Fransen (Denwood 1974:90; Ford und Ford 1989:155).
131 Die Schussfäden tibetischer Teppiche werden in einer Art eingebunden, wie sie sonst in Asien nur selten vorkommt. Zwischen jeder Reihe von Knoten gibt es zwei Schussfäden. Nachdem eine solche fertig gestellt wurde, werden der eine Schussfaden von links nach rechts und der andere von rechts nach links gelegt. Erst jetzt wird das Fach geändert, indem die Fäden, die vorher hinten waren, nach vorne und jene, die in der fertigen Knüpfreihe vorne waren, nach hinten gedrückt werden. Nach einer weiteren fertiggestellten Knotenreihe werden die beiden Schussfäden wieder in die umgekehrte Ordnung gelegt (Ford und Ford 1989:159). Der Schussfaden bestimmt die Breite des Teppichs und muss sauber eingezogen werden. Ist er zu lose, wird der Teppich wellig. Spannt er zu stark, zieht es das Gewebe zusammen (Hausammann 2012).
132 In den ältesten Teppichen wurden wollene Fäden für Kette, Grund- und Florschuss verwendet. Jüngere Exemplare weisen überwiegend Kette und Grundschuss aus Baumwolle auf, wohingegen der Florschuss noch immer aus Wolle besteht. Aufgrund der ebenmässigen Beschaffenheit der maschinell gesponnenen Baumwollfäden ist die Kette so einfacher zu bearbeiten. Die Umstellung kann nicht genau datiert werden. Vermutlich begannen die städtischen Werkstätten mit dem Gebrauch von günstigerer Baumwolle, während nomadische Knüpfer, welche die Wolle ihrer eigenen Schafe verarbeiteten, bis in jüngere Zeit Wolle benutzten; zumindest solange der erzielte Preis dafür auf dem Markt niedriger war als die Erstehungskosten für Baumwolle. Die tibetischen Teppiche aus der Sammlung des Völkerkundemuseums der Universität Zürich haben zumeist Kettfäden aus Baumwolle, wohingegen Grundschuss und Florschuss aus Schafwolle bestehen. Einige Teppiche sind mit bunten Wollstoffen eingefasst. Teilweise sind zum Schutz auch die Rückseiten abgefüttert, was heute in Nepal kaum mehr gemacht wird (Ford und Ford 1989:155; Kocher 2012).

Abbildung 12: Tibetische Knüpferin im Tashi Palkhiel Handicraft Center; Pokhara 1977–1982; Fotografie Rudolf Hausammann.

*Abbildung 13: Tibetische Knüpferin im Paljor Ling Handicraft Center; Pokhara 2011;
Fotografie Christoph Müller.*

In Jawalakhel und Tashi Palkhiel sind Kette und Grundschuss immer aus indischer Baumwolle. Der Florschuss besteht aus tibetischer oder neuseeländischer Schafwolle oder aus einer Mischung von beiden. Erstere hat einen schöneren Glanz, letztere zeigt sich auf die Dauer widerstandsfähiger. Vereinzelt wird auch Seide aus Indien oder China eingesetzt. Die Teppiche werden unterschiedlich dicht geknüpft, in der Regel sind es 60, 80 oder 100 Knoten pro Quadratzoll. Ein Quadratmeter entspricht 1550 Quadratzoll, das heisst, 80 Knoten pro Quadratzoll bedeuten bereits über 100'000 Knoten pro Quadratmeter (FBR 2011:15; FTB 2011:202).

Eine Knüpferin fertigt je nach Qualität und Muster monatlich maximal drei Quadratmeter. Während in Tibet traditionellerweise Männer und Frauen Teppiche knüpften, sind es heute in Jawalakhel und Tashi Palkhiel ausschliesslich Frauen. Im Handwerkszentrum von Jawalakhel arbeiten ungefähr 30 tibetische Knüpferinnen; in Tashi Palkhiel knüpfen eine Tibeterin und acht Nepalesinnen. Teppichknüpfen in Tibet war eine eher gering angesehene Tätigkeit, die meist von Bäuerinnen oder Bediensteten verrichtet wurde. In den Handwerkszentren von Nepal fand ich bestätigt, dass der Status der Knüpferinnen nicht sehr angesehen ist; junge tibetische Frauen am Knüpfstuhl waren kaum auszumachen (Denwood 1974:14; FBR 2011:15–16; FTB 2011:43/110; Hausammann 1992:26; 2012).

5.4.6 Das Scheren und Waschen der Teppiche

Der fertig geknüpfte Teppich wird mit einem Stahldrahtkamm durchgekämmt und von verbleibendem Flaum und Fusseln befreit. Um einen Flor von gleichmässiger Höhe zu erhalten, wird die Wolle ebenmässig nachgeschoren. Je weniger Unebenheiten durch das Knüpfen entstanden, desto weniger Wolle muss beim Scheren gekappt werden. Damit die Muster optimal zur Geltung kommen, schneidet man zusätzlich reliefartig entlang der Farbkanten, was grosses Geschick erfordert (Denwood 1974:51; Gans-Ruedin 1981:27; Hausammann 1992:18; VMZ 2008b).

Der letzte Schritt ist die Wäsche mit kaltem Wasser. Die Floroberfläche wird mit Hilfe einer hölzernen Teppichschaufel mechanisch bearbeitet. Das Ausdrücken des Wassers spült den Schmutz heraus. Dabei sollte die zuvor beim Spinnen gezwirnte Wolle möglichst nicht geöffnet werden, weil gezwirbelte Fäden weniger schmutzanfällig sind (Hausammann 2012). Heute ist die Teppichwäsche ein komplexer Vorgang und erlaubt qualitativ unterschiedliche Veredelungen. Die fertigen Teppiche, die zunächst noch matt und stumpf erscheinen, werden in chemische Bäder gelegt, die ihnen den typischen Glanz und die gewünschte Patina verleihen. In einem Land wie Nepal, wo sich weder Regierung noch Wirtschaft ernsthaft um die Wasserverschmutzung kümmern, können solche Verfahren zu gravierenden Umweltproblemen führen. Boudha im Osten von Kathmandu, wo zahlreiche Teppichmanufakturen existieren, scheint das Zentrum Nepals für diese technisch anspruchsvolle Aufgabe zu sein. So liefern auch die Handwerkszentren von Jawalakhel und Tashi Palkhiel ihre Teppiche für die Scherung und Wäsche nach Boudha (FBR 2011:15; FTB 2011:114; Gans-Ruedin 1981:27–28; Hausammann 1992:14/26).

Für den langfristigen Gebrauch eines Teppichs ist eine qualitativ gute Wäsche, die sogar schmutzabstossend wirken kann, entscheidend. Die Teppichwäsche in Nepal aber erfüllt keine hohen Anforderungen, weshalb schweizerische Importeure den Arbeitsschritt oftmals erst von Spezialisten in der Schweiz vornehmen lassen. Spätestens dann wird auch erkennbar, ob ein Teppich fehlerfrei gearbeitet und gefärbt ist, denn eine qualitativ gute Wäsche überstehen nur einwandfreie Stücke. Die Vorteile der in Nepal vollendeten Wäsche liegen darin, dass durch die Entfernung von Schmutz und Flaum Frachtkosten eingespart und schlecht gearbeitete Stücke unmittelbar nach der Wäsche noch vor Ort verhältnismässig günstig nachbearbeitet und nachgefärbt werden können (Hausammann 2012).

5.5 Tibet-Teppiche als Produkte komplexer Entstehungsprozesse

Der Teppich in Tibet war ein Gebrauchsgegenstand. Er diente primär als Polsterbelag für Sitze und Liegen oder als Satteldecken für Pferde. Daneben wurden besondere Teppiche für die Klöster gefertigt. Die Ursprünge des Tibet-Teppichs können nicht exakt datiert werden, ab dem 19. Jahrhundert jedoch gelten die grösseren Städte Lhasa, Shigatse und Gyantse sowie deren Umgebung als Hauptgebiete der Herstellung. Je nach Herkunft und vorgesehenem Zweck vereint der Tibet-Teppich Symbole verschiedenster Einflüsse und allen verwendeten Motiven wird eine spezielle Bedeutung zugeschrieben.

Der handgeknüpfte Tibet-Teppich ist ein aufwendig hergestelltes Handwerksprodukt. Die Arbeitsschritte des Kardens, Spinnens, Färbens, Knüpfens, Scherens und Waschens sind unterschiedlich ressourcenintensiv und erfordern mannigfaltigste Fähigkeiten. Sämtliche involvierte Prozesse haben sich in den letzten Jahrzehnten in Nepal weiterentwickelt – insbesondere das Karden, das Spinnen, das Färben und die Wäsche –, der Tibetische Knoten jedoch wird noch geknüpft wie Anfang der 1960er Jahre als die ersten tibetischen Flüchtlinge ihre Heimat in Richtung Süden verliessen.

Dieser zweite Exkurs zeigte auf, dass ein Handwerkszentrum, das konkurrenzfähige tibetische Teppiche für den Weltmarkt herstellen will, nur schon vom rein technischen Standpunkt her einer sorgfältigen Planung bedarf. Darüber, wie in Nepal mit Unterstützung der SATA nicht nur den technischen, sondern auch den gesellschaftlichen Herausforderungen begegnet wurde, wie schliesslich die ersten Teppichproduktionszentren für Tibeter entstanden, und wie es gelang aus einem Gebrauchsgegenstand und Handwerksprodukt einen Exportschlager zu formen, gibt der nächste Teil dieser Arbeit Auskunft.

6 Das SATA-Programm für Tibeter in Nepal

Das *Swiss Nepal Forward Team* (siehe Kapitel 2.5) war der eigentliche Wegbereiter aller nachfolgenden schweizerischen Aktivitäten im Bereich der Entwicklungszusammenarbeit mit Nepal. Entgegen den mehrheitlich ökonomisch motivierten Vorstellungen der kreditgebenden Koordinationskommission (siehe Kapitel 2.4) arbeitete es relativ autonom und betrieb Entwicklungshilfe nach eigenen Vorstellungen. Zunächst wurden die eigenmächtige Ausweitung der Tätigkeiten und die daraus resultierenden Mehrkosten von der Koordinationskommission noch akzeptiert. Zurück in der Schweiz erfuhren die weiteren Pläne des *Swiss Nepal Forward Teams* aber bald eine Redimensionierung, sprengten sie doch den Rahmen des vorgegebenen Konzepts, das grundsätzlich der Förderung der Exportwirtschaft galt (Matzinger 1990:121–122/138–139).

Nachdem 1950 das *Swiss Nepal Forward Team* aufgelöst worden war, vergingen nochmals ganze 13 Jahre, bis sich die offizielle Schweiz 1963 in Nepal durch den DftZ (siehe Kapitel 4.3) erstmals direkt mit einem technischen Hilfsprogramm namens *SATA Handicraft Centers* (siehe Kapitel 4.4) engagierte. In dieser Zeit hatte sich das Konzept der schweizerischen Entwicklungszusammenarbeit mit Nepal grundlegend verändert. Während 1950 die staatliche technische Hilfe noch als wirksames Mittel der Aussenwirtschaftspolitik galt, betrachtete man diese 1963 nicht mehr als erweiterte Investition in die Schweizer Wirtschaft.

Allerdings fusste die SATA-Aktion klar auf ökonomischen Prinzipien. Die Kapitel 6.1 bis 6.3 zeigen, wie sukzessive versucht wurde, die tibetischen Flüchtlinge wirtschaftlich selbständig zu machen, und beschreiben den Aufbau der Teppichproduktionszentren in Nepal. Kapitel 6.4 befasst sich mit der Entwicklung der Teppichproduktion und liefert eine Darstellung des unbeständigen nepalesischen Teppichmarkts. Kapitel 6.5 geht auf die Auswirkungen des SATA-Programms ein und zuletzt wird in Kapitel 6.6 eine abschliessende Beurteilung des gesamten Projekts vorgenommen.

6.1 Der Aufbau der tibetischen Siedlungen

Im Sommer 1959 sammelten sich erste Gruppen von tibetischen Flüchtlingen in den nördlichen Tälern Nepals. Der Mehrheit blieb bald nichts anderes übrig, als nach Süden weiterzuziehen; viele von ihnen folgten dem Dalai Lama, der in Dharamsala im indischen Bundesstaat Himachal Pradesh den Sitz seiner Exilregierung einrichtete. Im Frühling 1960 fanden sich die ersten tibetischen Flüchtinge im Kathmandu-Tal ein. Schnell entstanden Zeltlager bei den buddhistischen Stätten Boudha und Swayambhunath in Kathmandu. Nach und nach suchten über 20'000 Tibeter Zuflucht in Nepal, sodass sich die nepalesische

Regierung an den amerikanischen Jesuitenpater Marshall D. Moran[133] wandte. Dieser gründete in der Folge das *Nepal International Tibetan Refugee Relief Committee*[134], welches Vorschläge zur Verbesserung der angespannten Situation erarbeiten sollte.[135] Bald entwickelte sich der Gedanke, den Tibetern eine Beschäftigung zu ermöglichen, mit welcher sie bereits in ihrer Heimat vertraut waren (Hagen 1988:274–275; Högger 1975:129; Messerschmidt 1997:209–213; H. Schulthess 2007; Wilhelm 2012:133–134). Zwei Mitglieder des Komitees waren Peter Aufschnaiter,[136] der von 1944 bis 1952 in Tibet gelebt hatte und mit Sprache und Kultur der Flüchtlinge bestens vertraut war, sowie Heidi

---

133 Father Marshall D. Moran (1906–1992) war ein bekannter Jesuitenpater sowie ein begnadeter und lange Zeit einziger Amateurfunker Nepals. 1951 gründete er die St. Xavier's School in Godavari und 1954 die St. Xavier's School in Jawalakhel (Messerschmidt 1997:171–192/223–235).

134 Die Mitglieder des Komitees waren Elizabeth Clough (Frau des Leiters des *British Council* in Nepal) als Kassierin, Katherine Weatherall als Sekretärin, Boris und Inger Lissanowitsch (Besitzer des Royal Hotel in Kathmandu), Bob Fleming (Administrator der *United Mission to Nepal* sowie des privaten, amerikanisch geleiteten Shanta Bhawan Spitals), Peter Aufschnaiter (Kenner der tibetischen Kultur und Sprache) und Heidi Schulthess (Textilspezialistin) (Messerschmidt 1997:209–213; Wilhelm 2012:134).

135 Die wenigen zu dieser Zeit in Nepal ansässigen Ausländer, beschäftigt in diplomatischem Dienst, der Entwicklungshilfe oder der Privatwirtschaft, kannten sich alle persönlich. Also lud das Komitee zu einer Osterfeier, die von in Nepal wohnhaften Amerikanern ausgerichtet wurde. Bei diesem sozialen Anlass kam eine erste respektable Summe zusammen. Ebenso konnten für die Flüchtlinge Arbeitsstellen in ausländischen Haushalten organisiert werden. Nach kurzer Zeit wurde jedoch klar, dass für diejenigen, die in Nepal bleiben wollten, weitere Arbeitsmöglichkeiten gefunden werden mussten (Messerschmidt 1997:209–213; H. Schulthess 2007).

136 Der Österreicher Peter Aufschnaiter (1899–1973) gehörte zu den grossen Bergsteigern seiner Zeit. 1939 leitete er eine deutsche Erkundungsexpedition in den westlichen Himalaya zum 8125 Meter hohen, neunthöchsten Berg der Erde, dem Nanga Parbat, der im heute von Pakistan kontrollierten Teil von Kashmir liegt. Auf der Rückreise zu Beginn des Zweiten Weltkriegs geriet er zusammen mit seiner Mannschaft in britisch-indische Kriegsgefangenschaft. Nach mehreren Fluchtversuchen gelang ihm am 29. April 1944 der Ausbruch aus einem Internierungslager in Nordindien. Gemeinsam mit seinem Landsmann Heinrich Harrer (1912–2006) erreichte er am 17. Mai 1944 Tibet und am 15. Januar 1946 Lhasa, wo er durch seine Bemühungen im landwirtschaftlichen und infrastrukturellen Bereich bald Staatsbeamter wurde (vgl. Heinrich Harrer, *My Life in Forbidden Lhasa – Escaping from Internment in India to the Sacred Capital of Tibet, an Austrian Became the Dalai Lama's Trusted Tutor*, Washington, D.C., The National Geographic Magazine, 1955, Vol. CVIII, No. 1). Mit dem Vorrücken der chinesischen Volksbefreiungsarmee im Jahr 1950 sahen sich die beiden Österreicher gezwungen, Lhasa zu verlassen. Peter Aufschnaiter zog sich allmählich nach Westen zurück und lebte noch eine Zeit lang im an Nepal angrenzenden Gebiet Kyirong, bis er am 23. Januar 1952 die Grenze überschritt und sich nach Kathmandu aufmachte. Dort angekommen, war er begehrter Informant über die politische und militärische Situation im angrenzenden Norden und für ein halbes Jahr im nepalesischen Aussenministerium als Kartograph angestellt. Auf Druck der indischen Regierung musste er Nepal noch im selben Jahr verlassen und war fortan in der kartographischen Abteilung der indischen Armee in Neu-Delhi tätig. Seine Rückkehr nach Nepal 1956 wurde durch Werner Schulthess in die Wege geleitet. Nach dreimonatigen Untersuchungen in Westnepal mit den Geologen Toni Hagen und Abbé Bordet fand er 1957 Aufnahme in der damaligen Schweizerkolonie Helvetia in Kathmandu und arbeitete fortan als Vermessungsingenieur im Bewässerungsteam der FAO (Brauen 1983:14–20/24/71/191–193; W. Schulthess 2006). Seine wechselvolle tibetische Vergangenheit machte Peter Aufschnaiter angesichts der sich ab 1960 in Kathmandu akzentuierenden Flüchtlingsproblematik zur Kapazität unter den in Nepal anwesenden Ausländern.

Schulthess,[137] die langjährige Erfahrung im Textilbereich besass. Die beiden erhielten den Auftrag, im Kathmandu-Tal nach Flüchtlingen zu suchen, die praktische Kenntnisse vom Teppichknüpfen hatten. Sie fanden die Familie Mingmar aus Lhasa, die sich ihren Lebensunterhalt durch das Knüpfen tibetischer Teppiche verdiente, und eine Gruppe Nomaden, welche Erfahrung in der Bandweberei hatte. Von seinem Aufenthalt in Tibet besass Peter Aufschnaiter einen Drachenteppich, der in Kathmandu sogleich als erste Vorlage verwendet wurde (W. Schulthess 2006; H. Schulthess 2008a, 2008b; VMZ 2008b; Wilhelm 2012:134).[138] Die Idee der tibetischen Handwerkszentren war geboren. Toni Hagen, der für Nepal und die UNO als Geologe arbeitete, gelang es, das IKRK in Genf von der Notwendigkeit einer Flüchtlingsaktion zu überzeugen.[139] Anfang 1960 bekam die Organisation das Mandat, die tibetischen Flüchtlinge in Nepal zu betreuen. Im Mittelpunkt standen kurzfristig die Nahrungsmittelhilfe sowie die Bereitstellung von Zelten und mittelfristig die Erstellung notdürftiger Unterkünfte. Abgelegene Standorte versorgte das IKRK mit einem Pilatus-Porter STOL-Flugzeug.[140] Das SRK übernahm die medizinische Betreuung (Wilhelm 2012:135). 1963 übernahm der DftZ gemeinsam mit dem SHAG (siehe Kapitel 2.6) unter dem Namen *SATA Handicraft Centers* alle bestehenden vier Siedlungen vom IKRK. Die landwirtschaftliche Ausrichtung Dhorpatans war längst in die Wege geleitet, und auch die Handwerkszentren in Jawalakhel und Chialsa bestanden bereits seit einigen Jahren. Das Handwerkszentrum von Tashi Palkhiel wurde erst 1965 gegründet.

Gründung[141]	Region	Distrikt	Siedlung	Wirtschaft
1960/1960	Kathmandu	Lalitpur	Jawalakhel	Handwerk
1961	Dhaulagiri	Baglung	Dhorpatan	Landwirtschaft
1961/1961	Sagarmatha	Solukhumbu	Chialsa	Handwerk
1962/1965	Pokhara	Kaski	Tashi Palkhiel	Handwerk

Tabelle 2: SATA-Siedlungen mit handwerklicher respektive landwirtschaftlicher Ausrichtung.

---

137 Heidi Schulthess lebte von 1959 bis 1964 in Nepal und teilte sich zeitweise mit Peter Aufschnaiter (siehe Fussnote 136) einen Haushalt. Als Frau des FAO-Molkereiexperten Werner Schulthess (siehe Fussnote 145) und ausgebildete Textilfachfrau betätigte sie sich in den Anfängen der tibetischen Flüchtlingsaktion als freiwillige Helferin (H. Schulthess 2008a; VMZ 2008b).

138 Als Heidi Schulthess und ihr Mann Werner 1964 Nepal verliessen, erhielten sie von Peter Aufschnaiter den Drachenteppich als Erinnerungsgeschenk. Das Stück begleitete sie anschliessend für weitere zehn Jahre nach Madagaskar und 28 Jahre nach Kenia, bevor es schliesslich seinen Weg in die Schweiz fand. Vom 17. Oktober 2008 bis zum 22. November 2009 war es am Völkerkundemuseum der Universität Zürich in der Ausstellung „Drache Lotos Schneelöwe – Teppiche vom Dach der Welt" (siehe Fussnote 4) zu sehen (W. Schulthess 2006; H. Schulthess 2008a).

139 Daneben gelang es Toni Hagen für das *Nepal International Tibetan Refugee Relief Committee* Gelder zu sammeln. Dabei war er hauptsächlich in England, Australien und Deutschland erfolgreich (W. Schulthess 2006).

140 Der siebenplätzige Pilatus-Porter war insbesondere wertvoll für die Verbindungen zu den nur in mehrtägigen Fussmärschen erreichbaren Siedlungen Dhorpatan und Chialsa (DEZA 1968b:4–5).

141 Die linksstehende Jahreszahl gibt Auskunft über die Gründung der Siedlung, die rechtsstehende über die Gründung des Teppichproduktionszentrums.

6.1.1 Die Siedlung Jawalakhel

Die tibetische Siedlung Jawalakhel liegt in Zentralnepal in der Verwaltungszone Bagmati im Distrikt Lalitpur, wenige Kilometer südlich von Kathmandu und wurde 1960 vom IKRK errichtet (JHC 2011, 2012).

Abbildung 14: Blick in den Innenhof aus dem Jawalakhel Handicraft Center; Kathmandu 2011; Fotografie Christoph Müller.

Heute beherbergt Jawalakhel ungefähr 900 Tibeter und umfasst einen Kindergarten, eine Grundschule und ein Altersheim. Die Einrichtungen machen einen guten Eindruck und werden alle durch das 1960 aufgebaute Handwerkszentrum betrieben. Die lokale Gemeinschaft hat zurzeit keinen obersten Verantwortlichen, es fehlt der sogenannte *Settlement Officer*, der in der Vergangenheit von der tibetischen Exilregierung in Dharamsala ernannt wurde. Der Posten, dessen Inhaber für alle sozialen Einrichtungen, das Handwerkszentrum und die Verbindung zur Exilregierung nach Dharamsala zuständig wäre, ist seit einigen Jahren unbesetzt. Eigentlicher Chef der Siedlung ist momentan der stellvertretende *Acting Officer*, der grundsätzlich für das Rechnungswesen zuständig wäre. Mit diesem sind aber einige unzufrieden. Dechen,[142] Kassenwartin des Teppichausstellungsraums, und Bhu Rin-

---

142 Dechens Eltern waren Nomaden. Sie wurde auf der Flucht von Tibet nach Nepal geboren, lebt in der tibetischen Siedlung in Jawalakhel und arbeitet seit 1975 als Teppichverkäuferin im Handwerkszentrum. Mittlerweile ist sie die Chefin des Ausstellungsraums. Sie hat vier Kinder, die alle in den USA leben. Eine Tochter sollte bald nach unserem Gespräch definitiv nach Nepal zurückkehren (FBR 2011:21; FTB 2011:66/69).

chen,[143] Teppichverkäufer im Ausstellungsraum, hoffen, obwohl sie in der Vergangenheit mit den Vorgesetzten aus Dharamsala nie restlos glücklich waren, auf einen neuen externen *Settlement Officer* von eben dort. Innerhalb ihrer eigenen Siedlung trauen sie niemandem zu, diesen wichtigen Posten ausfüllen zu können (FBR 2011:9; FTB 2011:65–67).[144]

Es stellt sich die Frage, weshalb Dharamsala plötzlich keinen *Settlement Officer* mehr nach Jawalakhel schickt. Hat die Exilregierung das Handwerkszentrum aufgegeben? Der Grund dafür könnte darin liegen, dass die Gemeinschaft langsam auseinanderfällt, was auch meine Informanten bestätigten. Die Schulklassen werden kleiner, die Knüpferinnen und Spinnerinnen älter. Viele bemühen sich um ein Visum für die USA oder Kanada. Vermutlich wird der Tag kommen, an dem die sozialen Einrichtungen der Siedlung nicht länger durch die Teppichverkäufe finanziert werden können (FBR 2011:9–10; FTB 2011:67–68).

6.1.2 Die Siedlung Dhorpatan

Die tibetische Siedlung Dhorpatan liegt im Westen Nepals in der Verwaltungszone Dhaulagiri im Distrikt Baglung, einige Tagesmärsche westlich von Pokhara, und hat ungefähr 200 Einwohner (SLF 2010:57). Das auf über 3000 Metern Höhe südlich des Dhaulagiri-Massivs gelegene Hochtal öffnet sich nur nach Westen hin und mündet in einer abgelegenen Wildnis. Entsprechend anspruchsvoll war die vorgängige Erkundung des Gebiets zu Fuss und aus der Luft. Werner Schulthess[145] und Toni Hagen sprachen sich für die scheinbar verlassene Gegend aus, da sie diese zum Teil von früheren Aufenthalten kannten (siehe Fussnote 136). Dhorpatan wurde vom IKRK im Herbst 1961 als eines der ersten grösseren Hilfsprojekte in Nepal ins Leben gerufen, war geplant für rund 400 Einwohner und hatte zum Ziel, tibetischen Flüchtlingen, insbesondere Bauern, welche ursprünglich von Dolpo[146]

---

143 Bhu Rinchens Eltern waren Nomaden. Er ist in Nepal auf die Welt gekommen, lebt in der tibetischen Siedlung in Jawalakhel und arbeitet als Teppichverkäufer im Handwerkszentrum. Er hat zwei Kinder, acht- und elfjährig, für die er zweimal vergeblich ein Visum in die USA zu organisieren versuchte (FBR 2011:21; FTB 2011:65–66).

144 Auf die Frage an die resolute Dechen, der man durchaus Führungsqualitäten zutraute, weshalb sie sich denn nicht um den Posten des *Settlement Officers* bemühe, kommt die Antwort, dass sie diesen nicht einmal geschenkt möchte, da sie persönlich den herrschenden Verhältnissen im *Jawalakhel Handicraft Center* kritisch gegenübersteht und sich keine Feinde schaffen möchte (FBR 2011:9; FTB 2011:66).

145 Werner Schulthess, seit 1952 im Land tätiger Schweizer Agronom, war während 14 Jahren verantwortlicher Leiter der FAO in Nepal. In dieser Zeit initiierte er die Verarbeitung von überschüssiger Milch zu Hartkäse in ruralen Gebieten. Das so gewonnene Produkt war nährstoffreicher, haltbarer, transportabler und wertvoller. Es ermöglichte den nepalesischen Bauern ein willkommenes Zusatzeinkommen (Brauen 1983:18; DEZA 2011a; W. Schulthess 2006).

146 Dolpo war von einigen Wellen tibetischer Flüchtlinge betroffen, die oftmals so viel Vieh wie nur möglich mit sich brachten. Das ohnehin spärliche Weideland der lokalen Bevölkerung wurde so arg strapaziert. Christoph von Fürer-Haimdorf (1990:20–22) war im Frühling 1962 in Dolpo unterwegs, fand kahle Weiden vor und sah zahlreiche Skelette verhungerter Yaks. Er besuchte ein Dorf, das einige Jahre zuvor etwa 500 Yaks besass, von welchen noch knapp 70 übrig geblieben waren. Die Überbelastung der Weiden durch die ankommenden Flüchtlinge stellte für die ansässige Bevölkerung ein ernsthaftes Problem dar. Wangdu Namru aus Tashi Palkhiel erzählte mir, wie er mit 13 Jahren mit seiner Familie schrittweise von Dolpo via Mustang nach Pokhara kam und auf der Flucht eines Morgens sämtliche ihrer Schafe gestorben waren, weil es über Nacht zu viel Neuschnee gab und die Tiere erstickten (FTB 2011:140–142).

kamen und nun aus Mustangs nördlichem Thakkhola[147] herabzogen, eine landwirtschaftliche Lebensgrundlage zu verschaffen (FTB 2011:140–142; Hagen 1992:217–218/221/229–230; Högger 1975:28–29; W. Schulthess 2006; Wilhelm 2012:136). Das Gebiet wies zwar einen eher nährstoffarmen Boden auf und lag verkehrstechnisch ungünstig.[148] Solche Unzulänglichkeiten mussten aber in Kauf genommen werden, da es nicht einfach war, überhaupt Land zu finden, welches nicht bereits genutzt wurde. Doch selbst hier, im abgeschlossenen Hochtal, stellte sich heraus, dass die Hochweiden von der lokalen Bevölkerung viel intensiver genutzt wurden, als man zunächst angenommen hatte, und es kam zu Eigentumsstreitigkeiten mit nepalesischen Hirten. Wegen der zu zahlenden Entschädigungen waren die anfänglichen Investitionskosten relativ hoch. Es mussten Wege gefunden werden, die Nepalesen in das Projekt einzubeziehen. Eine gute Voraussetzung dafür bildete das vom SRK geführte medizinische Dispensarium, welches auch den 2000 Einheimischen offen stand, die jeden Sommer auf die Höhen von Dhorpatan hinaufzogen. Nachdem die Landwirtschaft alleine als Lebensgrundlage nicht genügte, organisierten die Tibeter in Dhorpatan aus eigener Initiative und mit durch schweizerische Hilfe erworbenen Lasttieren einen Handel zwischen den nördlichen und südlichen Nachbartälern (BAR 1965:7–8; Högger 1968:103–105; von Fürer-Haimdorf 1990:23–26).

Gegründet vom IKRK, übernommen vom DftZ und seit Anfang 1964 als Regieprojekt vom SHAG zu Ende geführt,[149] stand das Projekt Dhorpatan gemäss verschiedener Autoren nicht immer unter einem guten Stern und hatte einige Male mit grösseren Schwierigkeiten zu kämpfen. Erster Projektleiter in Dhorpatan war der Arzt Hans Kipfer, welchem Toni Hagen[150] (1992:229–230) vorwarf, das ursprünglich vorhandene Potential der Siedlung nicht vollends ausgenutzt zu haben. Rudolf Högger (1968:103–104) zieht den Schluss, dass es den Projektleitern des SHAG letztendlich aber doch gelungen sei, mit einfachen Mitteln einen vernünftigen Stand des Projekts zu erreichen. Daneben betont er, dass Dhorpatan auch klare Vorteile aufzuweisen hatte, denn die Schweizer verfügten in Nepal bereits über solide Erfahrungen in der Landwirtschaft mit ihrer relativ unelastischen Nachfrage, was vom preissensiblen Teppichgeschäft (siehe Abschnitt 6.4.2) nicht behauptet werden konnte.

---

147 Der vom IKRK eingerichtete Aussenposten in Mustangs Hauptort Jomsom hatte rund 6000 Flüchtlinge aus dem ganzen Thakkhola zu betreuen. Das Dispensarium, geführt von schweizerischem und nepalesischem Medizinpersonal, kümmerte sich täglich um etwa 100 Patienten. Mittels *cash-for-work*-Programmen waren 400 Flüchtlinge regelmässig in Arbeitseinsätzen in den Bereichen Pistenbau, Wegbau und Infrastruktur tätig. Von Beginn an wurde in Jomsom auch Wolle gesponnen. Die stetig wachsende Teppichproduktion in Jawalakhel war bald auf diese Zulieferungen angewiesen, und die Versorgungsflugzeuge waren beim Rückflug von Jomsom nach Kathmandu ohnehin nicht ausgelastet (Hagen 1992:221).

148 Rudolf Högger (1968:104) weist darauf hin, dass in Nepal in weit höheren und ungünstigeren Lagen Landwirtschaft betrieben wird. Seiner Meinung nach bestand die Herausforderung darin, den kargen Boden mit den vorhandenen Möglichkeiten optimal zu nutzen, da die Besiedlungsfähigkeit eines Gebietes in erster Linie eine wirtschaftliche und nicht eine biologisch-technische Ermessensfrage sei.

149 Der DftZ übernahm die Finanzierung, übertrug aber die Durchführung dem SHAG, da das private Hilfswerk bereits über Erfahrungen auf dem Gebiet landwirtschaftlicher Projekte in Nepal verfügte (Högger 1968:66).

150 Toni Hagen (1992:231) hinterlässt 1992 in „Brücken bauen zur Dritten Welt – Erinnerungen an Nepal 1950–1992" seine Erfahrungen aus zwölf Jahren (1950–1962) Entwicklungszusammenarbeit in Nepal. Bis 1962 hatte er unter dem IKRK die Leitung der Tibetersiedlungen inne.

Dennoch sieht er die Misserfolge dieses ersten Landwirtschaftsprojekts als Hauptgrund für die Entscheidung, die Teppichprojekte weiter zu forcieren.

6.1.3 Die Siedlung Chialsa

Die tibetische Siedlung Chialsa liegt im Nordosten Nepals in der Verwaltungszone Sagarmatha im Distrikt Solukhumbu.[151] Bis im Herbst 1961 gelangten rund 3000 Tibeter aus dem nördlichen Khumbu[152] ins südlichere Solu, weil dort in Chialsa eine neue Siedlung gegründet werden sollte. Das Vorhaben wurde nicht vom IKRK, sondern vom SRK finanziert. Kurt Egloff, Arzt und erster Projektleiter, war bemüht, die Lebensmittel unmittelbar aus den umliegenden Tälern zu beschaffen, wodurch der Nachschub aus Kathmandu auf Werkzeuge, Medikamente und Ausrüstung beschränkt werden konnte. Daneben war es ihm ein Anliegen, die Flüchtlinge für entlohnte Arbeitseinsätze in der Landwirtschaft, im Bauwesen und im Handwerk einzusetzen. Von Beginn an förderte er die Band- und Stoffweberei und liess die gewebten Halbfertigprodukte in Jawalakhel zu verkäuflichen Taschen, Decken, Überzügen, Jacken und anderen Bekleidungsstücken weiterverarbeiten. Ebenso wurde bald mit der Teppichknüpferei begonnen. Es entstand eine Schule, die von 300 Kindern und zahlreichen Erwachsenen besucht und durch das *Nepal International Tibetan Refugee Relief Committee* des Jesuitenpaters Marshall D. Moran finanziert wurde (Hagen 1992:220–221).

Rudolf Högger (1975:116–117) erwähnt, wie er 1974 in Chialsa ein eindrückliches Beispiel des ganzheitlichen Erfolgs von Entwicklungszusammenarbeit vorfand. Die Siedlung machte ihm einen vorzüglichen Eindruck. Schule, Kloster und Krankenstation wurden erfolgreich von Tibetern betreut. Daneben sei das Dorf für die umliegende Region zu einem Kulturzentrum geworden. Am meisten beeindruckten ihn die dreimal wöchentlich stattfindenden abendlichen Lektionen in Lesen, Schreiben und Rechnen der Erwachsenenschule. Laut Högger bestand der Erfolg darin, dass eine Gemeinschaft von Menschen mit Hilfe dessen, was sie erhielt und selber erschaffen hatte, auf ein neues selbst gestecktes Ziel hinarbeitete. Mein Besuch im Frühling 2011 offenbarte ein anderes Bild. Schule und Kloster existieren zwar nach wie vor, doch während zu besten Zeiten gut 2500 Tibeter in Chialsa lebten, sind es heute nur noch etwa 70. Viele Häuser stehen leer. Der Grossteil der Bevölkerung zog weiter nach Kathmandu. Das Dorf leidet an Überalterung, und das Handwerkszentrum wurde im Frühling 2000 geschlossen (FTB 2011:182; SLF 2012).

---

151 Im Sommer 1959 begaben sich Werner (siehe Fussnote 145) und Heidi Schulthess (siehe Fussnote 137) auf eine Erkundungstour in das Gebiet von Solukhumbu. Dabei begegneten sie tibetischen Flüchtlingen, die auf der Suche nach Unterkunft und Arbeit von Dorf zu Dorf zogen und ihre Habseligkeiten veräusserten, um ihren Lebensunterhalt bestreiten zu können. Die ansässigen Sherpas zeigten sich den Ankömmlingen gegenüber hilfsbereit, jedoch lebten sie selbst in bescheidenen Verhältnissen (W. Schulthess 2006).

152 Der vom IKRK organisierte Aussenposten in Namche Bazar hatte rund 5000 Flüchtlinge zu betreuen, konzentrierte sich auf reine Nothilfe und verzichtete auf *cash-for-work*-Programme. Die Abwanderung nach Süden ins Solu setzte spontan und wenig koordiniert ein (Hagen 1992:220).

*Abbildung 15: Ein Pferd in der Abenddämmerung von Chialsa; Solukhumbu 2011;
Fotografie Christoph Müller.*

Obwohl sich im Nachhinein die Frage stellt, ob die getätigten Investitionen in diesem Umfang sinnvoll waren, wäre es falsch, Chialsa als Misserfolg zu bezeichnen. Für die Abwanderung dürfen nicht alleine Unzulänglichkeiten des Projekts verantwortlich gemacht werden, ist doch die Landflucht ein weit verbreitetes Problem in Nepal. Die einst gut geführte Flüchtlingssiedlung erleichterte vielen Tibetern während Jahren das Zurechtfinden in ihrer neuen Heimat.

6.1.4 Die Siedlung Tashi Palkhiel

Die tibetische Siedlung Tashi Palkhiel liegt im Westen Nepals in der Verwaltungszone Gandaki im Distrikt Kaski, ungefähr acht Kilometer nordwestlich von Pokhara, und wurde 1962 vom IKRK gegründet (TPHC 2011). Um sie finanziell unabhängig zu machen, wurde hier 1965 ebenfalls ein Handwerkszentrum aufgebaut, das noch heute Teppiche produziert und verkauft. Die Siedlung beherbergt etwa 800 Tibeter. Geführt wird sie von einer Frau in ihrer Funktion als *Settlement Officer*. Die Tibeterin scheint ihre Aufgabe gewissenhaft wahrzunehmen. In frühen Jahren, als die Strasse von Pokhara Richtung Westen noch nicht bis nach Baglung und weiter führte, war in Tashi Palkhiel der Ausgangspunkt für Trekkingtouren zu den Bergmassiven Dhaulagiri und Annapurna. Auf der Wiese beim Guest House soll es von Pferden gewimmelt haben. 400 bis 500 Touristen in der Hauptsaison seien keine Seltenheit gewesen. Viele junge Männer in Tashi Palkhiel arbeiten auch heute noch als Trekkingführer oder Träger. Die Siedlung ist jedoch nicht mehr die Basis für ausgedehnte Touren. Strassen ermöglichen eine motorisierte Anreise direkt ins Hinterland. Teppiche, Schmuck und Handarbeiten lassen sich nicht mehr so einfach verkaufen. Tashi Palkhiel ist nur noch Tagesziel für Touristen aus Pokhara (FBR 2011:12; FTB 2011:110/138/150).

Abbildung 16: Kinder und Hühner in der Einfahrt nach Tashi Palkhiel; Pokhara 2011;
Fotografie Christoph Müller.

Wangdu Namru (siehe Abbildung 18), einst Färbmeister des Handwerkszentrums und später Teilnehmer des SATA-Ausbildungskurses für angehende tibetische Kader (siehe Abschnitt 6.3.3), ist pessimistisch für die Zukunft seiner Siedlung. Innerhalb von Tashi Palkhiel fänden nur noch eine bis zwei Hochzeiten jährlich statt. Die Alten würden sterben und die Jungen ziehen ins Ausland. Seine eigene Familie bietet dazu ein anschauliches Beispiel, lebt doch fast die Hälfte seiner Geschwister und Kinder im Ausland. Zwei Brüder und eine Schwester wohnen in Nepal, zwei Schwestern in Kanada und eine in den USA. Wangdu Namru selbst hat neun Kinder. Die beiden Söhne arbeiten als Trekkingführer in Nepal, drei Töchter leben in Deutschland und eine in den USA. Die drei jüngsten Töchter wohnen noch zu Hause mit ihm, seiner Frau und den Grosseltern Norbu und Angmo Namru (FTB 2011:137/141–142/148).

6.1.5 Die tibetischen Siedlungen im Vergleich

Bis Ende der 1960er Jahre wurden in den vier SATA-Siedlungen für mehrere tausend Tibeter neue Lebensgrundlagen geschaffen (Högger 1975:28). Neben den drei SATA-Siedlungen Jawalakhel, Chialsa und Tashi Palkhiel konnte ich in Pokhara auch Tashi Ling und Paljor Ling besuchen. Der Aufbau der Orte ähnelt sich in vielerlei Hinsicht. Zu den Siedlungen in Pokhara – Tashi Palkhiel, Tashi Ling und Paljor Ling – gehören jeweils ein Kloster, ein Zentrum für einfache medizinische Versorgung und eine Grundschule. In Jawalakhel fehlt das Kloster, allerdings befinden sich in Kathmandu die grossen buddhistischen Stätten Boudha und Swayambhunath. In Chialsa existiert seit dem Frühling 2000 das Handwerkszentrum nicht mehr. Zur Herkunft und Abstammung der Tibeter in den verschiedenen Siedlungen lassen sich nur sehr schwer genauere Angaben machen. Festzustellen ist nur, dass überall Nachkommen von Nomaden sowohl aus Westtibet (Ngari), Zentraltibet (Ü-Tsang) und Osttibet (Amdo und Kham) anzutreffen sind. In Tashi Palkhiel und in Tashi Ling sind, anders als in Jawalakhel, die Posten des sogenannten *Settlement Officers* besetzt. Ein tibetisches Ehepaar aus Indien, entsandt von der Exilregierung in Dharamsala, kümmert sich um die beiden Siedlungen und deren Teppichknüpfzentren, wobei die Frau für Tashi Palkhiel zuständig ist, der Mann für Tashi Ling (FBR 2011:14–15; FTB 2011:114–115/126).

Ein Vergleich zwischen den vier hinsichtlich geografischem Umfeld und ökonomischer Grundlage teilweise sehr unterschiedlichen SATA-Projekten zeigt Vielschichtigkeiten, Errungenschaften und Problemfelder dieses Entwicklungsprogramms auf. Dhorpatan und Chialsa liegen abgelegen im Westen beziehungsweise Osten Nepals. Jawalakhel und Tashi Palkhiel befinden sich unweit der grossen Städte Kathmandu beziehungsweise Pokhara. Die wirtschaftliche Eigenständigkeit Dhorpatans basierte ursprünglich auf der Landwirtschaft, diejenige der anderen Siedlungen auf dem Teppichgeschäft. Rudolf Högger (1968:105–106) bemerkte Ende der 1960er Jahre, dass in Dhorpatan ein höherer Grad an wirtschaftlicher Sicherheit für die Tibeter erreicht worden sei als in den übrigen drei Siedlungen. Gleichwohl weist er darauf hin, dass die Landwirtschaft keine echte Alternative zu den Handwerkszentren bieten würde, hätten doch im Laufe der Zeit einige hundert Flüchtlinge vergeblich um Aufnahme in Dhorpatan ersucht. Es sei praktisch unmöglich gewesen, innert nützlicher Frist weitere Gebiete für vergleichbare landwirtschaftliche Siedlungen ausfindig zu machen.

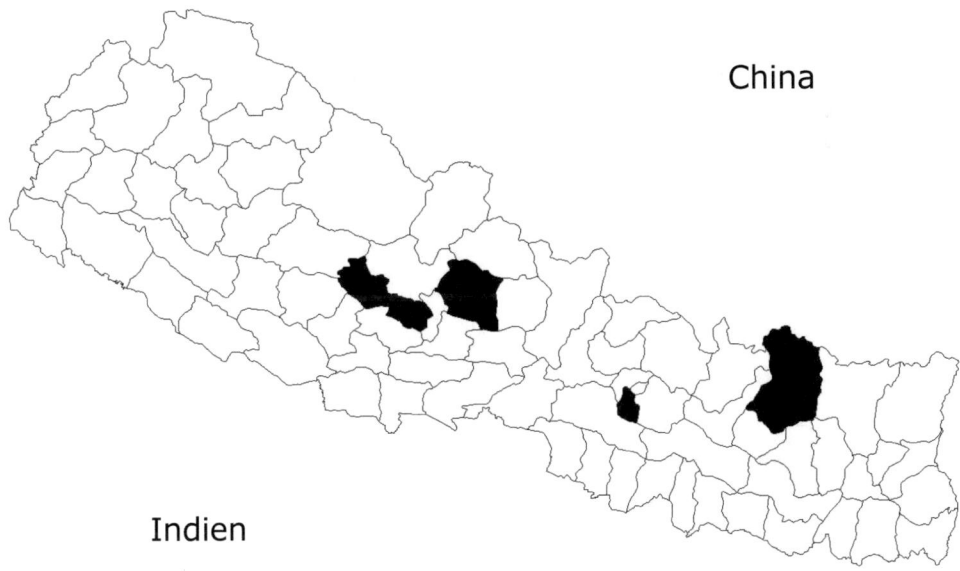

Abbildung 17: Distrikte Nepals; von Westen nach Osten: Baglung (Dhorpatan), Kaski (Tashi Palkhiel), Lalitpur (Jawalakhel) und Solukhumbu (Chialsa).

Auch heute noch fällt eine Beurteilung zugunsten einer der beiden Herangehensweisen schwer. Wie die Vergangenheit zeigte, ist der internationale Teppichmarkt sehr labil. Die Handwerkszentren sind nur bedingt in der Lage, ganze Siedlungen ökonomisch über Wasser zu halten. Die wirtschaftlich rosigen Zeiten in Jawalakhel und Tashi Palkhiel sind vorbei, und in Chialsa werden seit Jahren keine Teppiche mehr produziert.[153] Leider konnte ich mich während der Zeit meines Nepalaufenthalts nicht selbst von der Situation in Dhorpatan überzeugen. Im geografisch nahe gelegenen Tashi Palkhiel wurde mir aber erklärt, dass die Bewohner Dhorpatans in mindestens einem ihrer Geschäftszweige, dem Pferdehandel, durch den fortschreitenden Strassenbau arg in Bedrängnis kommen (FTB 2011:135–136; SLF 2012).

6.1.6 Die Zukunft der tibetischen Siedlungen

Die Zukunft der Tibeter in Nepal ist ungewiss; seit einigen Jahren werden sie von der Regierung zunehmend unter Druck gesetzt. Nepal gerät verstärkt unter die Einflussnahme Chinas.[154] Dies ist darauf zurückzuführen, dass die wirtschaftliche und sicherheitspolitische Zusammenarbeit der beiden Länder stetig intensiver wird und Nepal von logistischer wie auch finanzieller Unterstützung durch den nördlichen Nachbarn profitiert. Nicht zuletzt versucht das Land auch, die Abhängigkeit vom südlichen Anrainer Indien zu verringern (SFH 2004:2).[155]

Nepal hat die Genfer Flüchtlingskonvention von 1951 und das Zusatzprotokoll von 1967 nie unterzeichnet. Somit anerkennt es grundsätzlich das Recht von Flüchtlingen auf Schutzsuche nicht; diese werden faktisch als illegale Immigranten behandelt. Trotzdem wohnen heute rund 20'000 Tibeter in Nepal.[156] Seit dem 1. Januar 1990 können sie jedoch offiziell kein Asyl mehr beantragen, geschweige denn die Staatsbürgerschaft erlangen. Die

---

153 Chialsa bietet ein Beispiel dafür, dass auch die lokal ansässigen Nepalesen vom Teppichprojekt für die Tibeter profitieren konnten. Einerseits wird die dortige Schule heute mehrheitlich von nicht-tibetischen Kindern besucht (siehe Tabelle 4), und andererseits errichtete die SATA 1977 in der Region ein Kleinwasserkraftwerk. Ziel war es, den Druck auf die Natur – insbesondere den Brennholzbedarf – zu mindern. Daneben sollten die Lebensbedingungen der Bevölkerung verbessert werden. Während meines Nepalaufenthalts konnte ich feststellen, dass in der Hauptstad Kathmandu der Strom exakt im Fünfstundenrhythmus fliesst, im abgelegenen Chialsa jedoch nur wenige Male am Tag für eine halbe Stunde aussetzt (FTB 2011:184; SATA 1982:29–30).

154 Folgendes Zitat beschreibt die Situation zu Beginn der 1990er Jahre: „Tibetan refugees in Nepal, on their part, increased activities in Kathmandu, and banners bearing the slogan 'Free Tibet' were seen in the streets. The number of new Tibetan refugees has reached 12,000 and is a potentially serious issue in Nepal-China relations, despite Nepal government efforts to restrict the activities of the refugees (Regmi 1993:147)."

155 1992 beschrieb der damalige nepalesische Premierminister Girija Prasad Koirala die Aussenpolitik folgendermassen: „Our foreign policy is based on the principles of national interest, independence, democracy and human rights. We are committed to taking this policy ahead in accordance with the ideals of the United Nations. [...] We have attached special importance to our relations with India and China not only because of our traditional friendship with those countries, but also because of the needs and problems of the present (Regmi 1993:146–147)."

156 In Kathmandu, wo sich die Mehrzahl der Flüchtlinge in der Nähe des Stupas von Boudha niedergelassen hat, leben ungefähr 12'000 Tibeter, in Pokhara sind es etwa 3000. Die restlichen verteilen sich im ganzen Land (SFH 2004:3). Ende der 1980er Jahre spricht Ann Armbrecht Forbes (1989:7) von 10'000 tibetischen Flüchtlingen in Nepal.

tibetischen Siedlungen sind für Neuankömmlinge geschlossen. Die nepalesische Regierung verpflichtete sich jedoch in einem informellen Abkommen mit dem UNHCR, den Tibetern eine sichere Durchreise in Drittstaaten, namentlich nach Indien, zu ermöglichen (FTB 2011:70/107/150; MacPherson et al. 2008b; SFH 2004:2–4).

Abbildung 18: Wangdu Namru mit den Töchtern Tenzin und Wangmo in Tashi Palkhiel; Pokhara 2011; Fotografie Christoph Müller.

Der 14. Dalai Lama bringt seine Sicht der Dinge in den Vorworten zu verschiedenen Büchern zum Ausdruck. Darin gibt er zu verstehen, dass er in Anbetracht der zum Teil erheblichen klimatischen Unterschiede und der unterschiedlichen Gepflogenheiten durchaus damit zufrieden ist, wie sich die tibetischen Gemeinschaften in Indien, Nepal und Bhutan entwickelt haben.[157] Die Siedlungen böten die Möglichkeit, das kostbare kulturelle Erbe, die gesellschaftliche Identität sowie die religiösen Praktiken der Tibeter im Exil zu bewahren und gleichzeitig von den Vorteilen der modernen Welt zu profitieren (Armbrecht Forbes 1989:vii; von Fürer-Haimdorf 1990:i). Beim Gespräch mit Wangdu Namru, der bei Pokhara mit seinen Eltern und Kindern in der tibetischen Siedlung Tashi Palkhiel lebt, kamen gegenüber solchen von mir geäusserten Bemerkungen auch kritische Einwände. Er ist der Meinung, dass die Exilregierung im indischen Dharamsala ihre Politik bezüglich der tibetischen Siedlungen in Nepal anpassen muss. Die Sichtweise, dass die tibetische Kultur

---

157 In den drei Ländern existieren insgesamt 54 tibetische Siedlungen. Davon sind 26 landwirtschaftlich, 17 agrarindustriell und 11 handwerklich ausgerichtet. Beinahe alle sind mit eigenen tibetischen Schulen, einer primären Gesundheitsversorgung und Arbeitsgenossenschaften versehen. Dazu finden sich in unmittelbarer Nähe oftmals Klöster und Tempel (Phuntso 2012).

nur in Camps überleben könne, sei überholt. Andernfalls müsste die Exilregierung Arbeitsplätze und eine Gesundheitsversorgung bereitstellen, wozu sie aber nicht in der Lage sei. Wangdu Namru nennt als Beispiel Kanada, wo in jüngerer Zeit zahlreiche Tibeter ein Zuhause fanden. Dort gebe es keine Camps. Trotzdem habe sich eine Community gebildet. Er glaubt fest an eine tibetische Kultur, die auch ohne gemeinschaftliche Siedlungen weltweit fortbestehen werde (FTB 2011:144–149).

Meiner Meinung nach hat die Exilregierung durchaus berechtigtes Interesse am Fortbestehen der Siedlungen. In Indien, Nepal und Bhutan verwaltet sie insgesamt 84 tibetische Schulen, die von einer Mehrheit der dortigen tibetischen Kinder besucht werden (CTSA 2012; MacPherson et al. 2008b; Phuntso 2012). Nur so kann die tibetische Sprache und Religion im Exil an die kommenden Generationen weitervermittelt werden. In Europa und Nordamerika besuchen die tibetischen Kinder normale, öffentliche Schulen. Die Integration in die westliche Kultur respektive Auflösungserscheinungen der alten Traditionen finden hier viel schneller statt als in Indien oder Nepal, was von der Exilregierung als Bedrohung für die tibetische Diaspora verstanden werden muss.

Da der Kampf um Tibets Unabhängigkeit hauptsächlich aus dem Exil geführt wird, steht ausser Zweifel, dass aus Sicht des 14. Dalai Lama alles daran gesetzt werden muss, die Identität und das Gemeinschaftsgefühl der Exiltibeter aufrecht zu erhalten. Dazu tragen auch die tibetischen Siedlungen in Nepal bei.

6.2 Der Aufbau der Teppichproduktionszentren

Nepal gehört noch heute zu den ärmsten Staaten der Welt, ausserdem ist das Einkommen sehr ungleich verteilt (WBG 2012). Auch 1959, als die ersten Tibeter ihre Heimat Richtung Süden verliessen, hatte das Land mit grossen Schwierigkeiten zu kämpfen. Das labile politische Gleichgewicht zwischen China und Indien einerseits sowie die schnell wachsende Bevölkerung und die damit verbundenen Probleme der Unterernährung und ökologischen Mehrbelastung andererseits bildeten keine günstige Ausgangslage für die Aufnahme der tibetischen Flüchtlinge.[158] So stand mehrfach deren Unterbringung in anderen Ländern zur Diskussion. Das IKRK klärte beispielsweise Möglichkeiten tibetischer Siedlungen in Nordkanada ab. Letzten Endes scheiterten aber alle Versuche, Nepal auf diese Weise von den Flüchtlingen zu entlasten, und es mussten Wege gefunden werden, die Belastungen des Gastlands anderweitig auszugleichen (Hagen 1988:13–15; Högger 1968:99–100).

Es gab Pläne, die Tibeter im Strassenbau und in Projekten der Bodenverbesserung und der Aufforstung einzusetzen. Allerdings war der nepalesischen Regierung, welche sich ohnehin mit dem Problem konfrontiert sah, genügend Arbeitsplätze für eine stetig wachsende Bevölkerung zu schaffen, an zusätzlichen tibetischen Arbeitskräften wenig gelegen. Der einzige Weg, die Tibeter in eine unabhängige Zukunft zu führen, schien darin zu be-

---

158 Eine grosse Herausforderung stellt in Nepal die nachhaltige Holzwirtschaft dar. Der Energieträger wird gerade in erhöhten Gebietslagen weitaus mehr genutzt, als es dem natürlichen Nachwuchs entspricht. Alternativen zur Befriedigung des Brennholzbedarfs der Bevölkerung sind nur schwer realisierbar (Hagen 1988:15).

stehen, ihnen zu einer landwirtschaftlichen Lebensgrundlage zu verhelfen. Weil aber urbares, herrenloses Kulturland in Nepal knapp war, konnte auch dies nicht der Schlüssel zum Erfolg sein. Die Idee von der Produktion tibetischer Teppiche gewann deshalb rasch Anhänger. Die Handwerkszentren boten die Möglichkeit, einen neuen Markt aufzubauen, in welchem man nicht mit dem lokalen Gewerbe konkurrierte (Högger 1968:101–102).

6.2.1 Das Jawalakhel Handicraft Center

Nachdem das IKRK 1960 die tibetische Siedlung in Jawalakhel bei Kathmandu gegründet hatte, wurde noch im selben Jahr an gleicher Stelle das *Jawalakhel Handicraft Center* ins Leben gerufen, welches bis heute Teppiche produziert (Högger 1968:74; JHC 2011). Eine wichtige Person für das Gelingen des gesamten späteren Teppichprojekts war in einer frühen Phase Elizabeth Neuenschwander (siehe Abbildung 25).[159] Sie arbeitete von Anfang 1962 bis Ende 1963 in Kathmandu für das IKRK und initiierte wegweisende Schritte. Dabei kam ihr ihr Interesse für die handwerklichen Fähigkeiten der tibetischen Flüchtlinge zugute. Es gab Frauen, die Bänder woben und Wolle spannen, Männer, die gut nähen konnten, sowie die Familie Mingmar, die Teppiche knüpfte. Diese Familie war nach Ansicht von Elizabeth Neuenschwander von entscheidender Bedeutung. Mingmar als Meister des traditionellen tibetischen Teppichhandwerks, seine Frau Kunsang als Färbmeisterin und seine Schwester Anila als Knüpferin führten andere Flüchtlinge in ihr Handwerk ein. Ohne ihr Wissen und ihre Beteiligung wäre es nie zu den SATA-Handwerkszentren gekommen (Jeanneret 2011:54–55; Neuenschwander 2008a, 2008b).

Wer früher in Tibet bei einem Meister des Teppichknüpfens das Handwerk erlernen wollte, musste Geld, Begabung und Durchhaltewillen mitbringen, um über mehrere Jahre hinweg systematisch in die Praxis des Berufsstandes eingeführt zu werden. Somit war Elizabeth Neuenschwander beim Aufbau der Teppichwerkstätte stets auf die Kooperation der Familie Mingmar angewiesen, die anfänglich nur zögernd bereit war, anderen Tibetern Arbeitsschritte wie etwa das anspruchsvolle Scheren der Teppiche beizubringen. Schliesslich aber handelte die Familie zum Wohl anderer Flüchtlinge, jedoch gegen ihre eigene Tradition, der zufolge handwerkliche Kompetenzen nur innerhalb der eigenen Familie weiterzugeben waren. Sie war bereit, ihr Handwerk in einem neuen Umfeld unter veränderten Bedingungen weiterzuführen (Neuenschwander 2008a; VMZ 2008b).

In den zwei Jahren ihres Nepalaufenthalts baute Elizabeth Neuenschwander die handwerklichen Aktivitäten der Tibeter in Jawalakhel kontinuierlich aus. Sie organisierte Ausbildungslehrgänge und widmete sich dem Verkauf der Ware. Die Kundschaft wurde

---

159 Elizabeth Neuenschwander, eine gelernte Damenschneiderin, lebte von 1962 bis 1963 in Nepal. Bevor Toni Hagen sie in Neu-Delhi nach Jawalakhel einlud, leistete sie einige Monate in Indien für den Zivildienst einen Freiwilligeneinsatz, wobei sie bereits erste Erfahrungen mit tibetischen Flüchtlingen machte. 1963 begleitete sie die Tibeter beim Wechsel der Schirmherrschaft des Projektes vom IKRK zum DftZ. Den neuen betriebswirtschaftlichen Stil des DftZ empfand sie den tibetischen Mitarbeitern gegenüber teilweise als wenig taktvoll. Die bereits in das Projekt investierte Arbeit wurde ihrer Meinung nach zu wenig gewürdigt, und sie verliess Kathmandu. Nach ihrer Abreise wurde das Handwerkszentrum bald in eine Aktiengesellschaft umgewandelt. Elizabeth Neuenschwander ist eine der 1000 Frauen, die im Jahr 2005 für den Friedensnobelpreis nominiert wurden. Sie betreibt seit über 10 Jahren in der Grenzregion zwischen Pakistan und Afghanistan ihr eigenes Hilfswerk (Neuenschwander 2008a; VMZ 2008b).

langsam grösser und bestand aus Touristen und Botschaftspersonal, vermehrt aber auch aus Tibetern. Unter ihrer Leitung waren zeitweise mehr als 150 Tibeterinnen mit der Herstellung von Teppichen beschäftigt. Jede Woche wurden neue Frauen und Männer im Alter von 15 bis 25 Jahren im Zentrum aufgenommen. Elizabeth Neuenschwander vereinfachte die Muster der Teppiche und passte sie farblich dem Geschmack der Touristen an. Sie führte die Technik ein, Muster auf Papier abzubilden, um den Frauen beim Knüpfen von Reproduktionen das schwierige Nachzählen der bunten Knoten auf den Teppichrückseiten zu ersparen (Jeanneret 2011:57; Neuenschwander 2008a, 2008b; VMZ 2008b).

Abbildung 19: Familie Mingmar im Jawalakhel Handicraft Center; Kathmandu 1962/1963; Fotografie Elizabeth Neuenschwander.

1963 wurde das Handwerkszentrum von Jawalakhel vom IKRK an den DftZ übergeben und lief fortan unter der Ägide des Projekts *SATA Handicraft Centers*. Es folgte eine Zeit starker Exportbemühungen. *Liaison Officer* Krishna Prasad Maskey[160] bezeichnete die Jahre 1985 bis 1995 als die ertragreichsten; die wichtigsten Märkte waren Deutschland, die USA und Japan. Aktuell besteht nur noch eine Geschäftsbeziehung zu einer Firma in Australien und eine wenig vielversprechende zu einer Firma in den USA. Letztere gibt zwar Bestellungen in Auftrag, hat aber eine schlechte Zahlungsmoral. Das Rückgrat des Geschäftsmodells bilden heute die Touristen. In den Hauptsaisonmonaten März, April, Mai und Sep-

---

160 Krishna Prasad Maskey ist inzwischen ein älterer Herr und langjähriger Mitarbeiter des *Jawalakhel Handicraft Centers*. Als *Liaison Officer* hat er sich um rechtliche Angelegenheiten zu kümmern. Wie sein Name verrät, ist er kein Tibeter, sondern gehört der ethnischen Gruppe der Newar an. Somit ist er der einzige im Handwerkszentrum tätige Nicht-Tibeter (FBR 2011:20; FTB 2011:66/205).

tember, Oktober, November werden im Ausstellungsraum täglich fünf bis zehn Teppiche verkauft; früher waren es bis zu 30 Stück. Das plötzliche Einbrechen des nepalesischen Teppichmarkts in den späten 1990er Jahren ist einerseits auf veränderte Konsumgewohnheiten in den Importländern zurückzuführen (siehe Abschnitt 6.4.2); andere Ursachen finden sich jedoch auch im lokalen Geschehen. Dechen, die mir gegenüber sehr auskunftsfreudige Chefin des Teppichausstellungsraums, beklagte sich über die herrschende Arbeitsmoral. Die Geschäftsführer würden es nicht schaffen, regelmässig zwischen 8 Uhr und 17 Uhr anwesend zu sein, was internationalen Geschäften kaum förderlich sei. Die im Monatslohn bezahlten Verkäufer dösten zum Teil auf den Teppichen, anstatt aktiv auf Kunden zuzugehen. Knüpferinnen, welche im Zeitlohn angestellt sind, würden am Morgen vorbeischauen, sich als anwesend eintragen, verschwinden und sich am Abend wieder austragen. Mein persönlicher Eindruck war, dass dennoch recht viele der vorhandenen Knüpfstühle besetzt waren (FBR 2011:9–10; FTB 2011:52/68–70).[161]

Dechens Aussagen lassen erahnen, weshalb der Erfolg und auch die Exportbemühungen des Handwerkszentrums ihre Grenzen haben. Dass es trotz der schwierigen Wirtschaftslage möglich ist, im Ausland zu verkaufen, beweisen innovative private Unternehmen (siehe Abschnitt 6.5.3). Für einen Job im *Jawalakhel Handicraft Center* kann sich grundsätzlich jeder Tibeter der lokalen Gemeinschaft bewerben. Weil Nepal aus politischen Gründen keine Flüchtlinge aus China mehr aufnimmt – Immigranten werden nach Indien weitergeschickt – und in den letzten Jahren viele der Angestellten nach Nordamerika auswanderten, wird dem Handwerkszentrum irgendwann das Personal ausgehen, wenn es nicht beginnt, Nepalesen einzustellen. Vorderhand wird darauf verzichtet. Immerhin können auf diese Weise die gewaltbereiten nepalesischen Gewerkschaften einigermassen in Schach gehalten werden. Zurzeit sind in Jawalakhel etwa 30 Knüpferinnen und 20 Spinnerinnen beschäftigt (FBR 2011:10; FTB 2011:70–71/203).

6.2.2 Das Chialsa Handicraft Center

Parallel mit der Gründung der tibetischen Siedlung von Chialsa entstand 1961 mit Hilfe des IKRK auch das *Chialsa Handicraft Center*. Nach dem *Jawalakhel Handicraft Center* war es das zweite tibetische Handwerkszentrum in Nepal. Die Organisation des Teppichexports und des Nachschubs von Farben aus Europa lag, bis 1966 die Exportgesellschaft CTC (siehe Abschnitt 6.3.2) gegründet wurde, aus logistischen Gründen bei der Leitung des Handwerkszentrums von Jawalakhel. Dies führte zwischen den Verantwortlichen der beiden Zentren zeitweilig zu Spannungen. Der abgelegene, kompetitive Aussenposten Chialsa, der beispielsweise in der Färbkunst immer führend war, fühlte sich benachteiligt, da er oft lange auf die Anlieferung benötigter Materialien warten musste und keinerlei Einfluss auf das Verkaufsgeschäft ausüben konnte. Fehler in der Organisation wirkten sich hier besonders spürbar aus. Als es in Chialsa 1967 eine frühe Krise der Teppichnachfrage

---

161 Es gibt auch Knüpferinnen, die im Stücklohn arbeiten und nach Quadratmetern bezahlt werden. Nach welchen Kriterien die Art der Bezahlung ausgehandelt wird, wurde mir nicht ersichtlich. Die Arbeiterinnen in der Spinnereiabteilung arbeiten ebenfalls im Akkord und werden nach Gewicht bezahlt (FBR 2011:11; FTB 2011:70).

(siehe Abschnitt 6.4.2) zu überbrücken galt, wurden Tibeter auf Kosten der Schweiz beim Bau des nahegelegenen Flugstreifens in Phaplu eingesetzt (Högger 1968:74–75/78/80/102).

Im Frühling 2000 wurde das Handwerkszentrum von Chialsa geschlossen. Die Teppichproduktion, einst wichtiges Standbein für das abgelegene Dorf im Osten Nepals, konnte nicht länger rentabel betrieben werden. Während meines dortigen Aufenthalts wurde mir plötzlich bewusst, dass ich in der einstigen Teppichwerkstätte nächtigte. Die Räumlichkeiten wurden umgebaut zu acht gemütlichen Doppelzimmern und einem Gemeinschaftsraum mit Holzofen. Das Handwerkszentrum ist nun also ein Guest House. Mitte April 2011 war ich der einzige Gast. Chialsa ist durch einen zweistündigen steilen Fussmarsch von Phaplu aus erreichbar, wo ein nicht asphaltiertes Flugfeld existiert und kleine Propellermaschinen für die schnellste Verbindung nach Kathmandu sorgen. Rückblickend betrachtet, war es möglicherweise vermessen, anzunehmen, hier ein international konkurrenzfähiges Teppichproduktionszentrum betreiben zu können. Die hehre Absicht, den Tibetern in einem peripheren Gebiet ein wirtschaftliches Auskommen zu verschaffen und damit auch der in Nepal verbreiteten Landflucht entgegenzuhalten, ist letzten Endes nicht geglückt. (FBR 2011:10–11; FTB 2011:182/200).

Abbildung 20: Nepalesische Knüpferinnen in Tashi Palkhiel; Pokhara 2011; Fotografie Christoph Müller.

6.2.3 Das Tashi Palkhiel Handicraft Center

Anfang 1965, drei Jahre nach der Gründung der tibetischen Siedlung durch das IKRK, eröffnete die SATA bei Pokhara in Hyangja ein drittes Teppichproduktionszentrum (Högger 1968:75; TPHC 2011). Das *Tashi Palkhiel Handicraft Center* entstand nach dem Vorbild von Jawalakhel und Chialsa. Während der 1970er und 1980er Jahre bot es über 300 Angestellten eine Beschäftigung. Heute arbeiten dort nur mehr vier tibetische Spinnerinnen und neun Knüpferinnen, darunter eine Tibeterin aus der Siedlung und acht Nepalesinnen. Teppichknüpfmeisterin ist Tsering Yangzom.[162] Seit 27 Jahren arbeitet sie in Tashi Palkhiel als Ausbildnerin, davor knüpfte sie selbst zehn Jahre lang Teppiche. Früher sollen mehrheitlich 60-Knoten-Teppiche produziert worden sein, die sich bis 1990 auch gut verkaufen liessen. Heute lebt das Handwerkszentrum nur noch von den Touristen, die mehrheitlich 100-Knoten-Teppiche kaufen. Mit dem Verkaufsgewinn wird manchmal das Essen bei Gemeindefesten spendiert, oder es werden Dienstleistungen für die Gemeinschaft übernommen, etwa Schreibarbeiten für Menschen, die dazu selbst nicht in der Lage sind. Aus diesem Grund nennt sich das Büro des Handwerkszentrums auch gerne *Welfare Office* (FTB 2011:109–110/113–114; Upadhyaya 2007).

Abbildung 21: Tsering Yangzom im Teppichausstellungsraum von Tashi Palkhiel; Pokhara 2011; Fotografie Christoph Müller.

---

162 Die 56-jährige Tsering Yangzom hat drei Kinder im Alter von 16, 24 und 29 Jahren (FTB 2011:109).

6.2.4 Die Teppichproduktionszentren im Vergleich

Anfang der 1970er Jahre sollen die SATA-Teppichproduktionszentren von Jawalakhel, Chialsa und Tashi Palkhiel insgesamt 800 Angestellte beschäftigt haben (VMZ 2008b). Heute arbeiten in Jawalakhel und Tashi Palkhiel nebst Administrativ- und Verkaufspersonal noch gut 100 Knüpferinnen und Spinnerinnen (FTB 2011:70/110/203).

Um den Vergleich etwas aussagekräftiger zu gestalten, gehe ich an dieser Stelle über mein eigentliches Forschungsgebiet hinaus und beziehe das südlich von Pokhara gelegene Handwerkszentrum Tashi Ling, welches jedoch nie unter der Schirmherrschaft der SATA stand, in die Betrachtung mit ein. Als Ziel von Gruppenreisen sind Jawalakhel und Tashi Ling am attraktivsten. Hier parken die Touristenbusse direkt vor den Handwerkszentren, und die Urlauber können beobachten, wie die Spinnerinnen Wolle zu Garn verarbeiten und die Knüpferinnen an Knüpfstühlen Teppiche produzieren. Die grosszügigen Ausstellungsräume animieren zum Kauf von Teppichen als Andenken, die man sich per Post nach Hause schicken lassen kann. Tashi Ling profitiert vom nahegelegenen, touristisch attraktiven *Devi's Fall*, einem sagenumwobenen Wasserfall, der viele Besucher anzieht. Im Gegensatz dazu bemüht sich Tashi Palkhiel, das eher von Individualtouristen aufgesucht wird, darum, Besucher auf ihrem Weg zum bekannten, nahegelegenen *Jangchub Choeling Monastery* zu einem Zwischenhalt zu bewegen (FTB 2011:113–114/125–126).

In Tabelle 3 werden die drei grössten, heute noch bestehenden tibetischen Teppichknüpfzentren Nepals anhand verschiedener Kriterien miteinander verglichen. In Jawalakhel werden ausschliesslich tibetische Knüpferinnen beschäftigt. In Tashi Palkhiel und Tashi Ling bilden tibetische Knüpferinnen die Ausnahme. Bei den Teppichknüpfzentren von Pokhara darf davon ausgegangen werden, dass die tibetischen Teppiche in erster Linie von Nepalesinnen hergestellt und lediglich von Tibetern verkauft werden. Nur bei den Spinnerinnen handelt es sich in allen besuchten Handwerkszentren ausnahmslos um Tibeterinnen. Meist sind dies ältere Frauen – bisweilen ehemalige Knüpferinnen – die zum Teil seit Jahrzehnten dieser Arbeit nachgehen. Einerseits hörte ich, dass einige unter ihnen kaum vom Spinnen abzubringen seien, andererseits weist die Tätigkeit in den Werkstätten Ähnlichkeiten zu einem Beschäftigungsprogramm auf. Es ist absehbar, dass eines Tages auch die tibetischen Spinnerinnen von Nepalesinnen abgelöst werden (FBR 2011:14–15).

Längst werden nicht mehr alle Schritte zur Produktion der Teppiche in den Handwerkszentren selbst ausgeführt. Einige Arbeitsprozesse werden extern, in Fabriken in Boudha, dem eigentlichen Zentrum der nepalesischen Teppichindustrie, verrichtet. So transportiert man die in Tashi Palkhiel und Tashi Ling gefertigten Teppiche zum Scheren und Waschen nach Kathmandu, um sie danach in Pokhara den Touristen als lokale Produkte zum Verkauf anzubieten. Zusammenfassend lässt sich sagen, dass die Touristen Produktionsschritte wie Karden, Spinnen, Färben, Knüpfen, Scheren und Waschen in der Regel nicht zu sehen bekommen. Das ist kaum verwunderlich; längst hat die Globalisierung auch Nepal erfasst. Vor diesem Hintergrund scheint es bloss vernünftig, dass sich die Handwerkszentren auf gewisse Produktionsschritte spezialisierten (FBR 2011:14–15).

Das SATA-Programm für Tibeter in Nepal

	Jawalakhel	Tashi Palkhiel	Tashi Ling
Region	Kathmandu	Pokhara	Pokhara
Gründung *Refugee Settlement*	1960	1962	1964
Gründung *Handicraft Center*	1960	1964	1971
Einwohner	900	800	600
SATA/CTC	Ja	Ja	Nein
Exportmarkt	Bescheiden	Nein	Nein
Hauptmarkt	Tourismus	Tourismus	Tourismus
Knüpferinnen [davon Tibeterinnen]	ca. 30 [30]	9 [1]	9 [3]
Spinnerinnen [davon Tibeterinnen]	ca. 20 [20]	4 [4]	4 [4]
Herkunft Rohwolle 60-Knoten-Teppich	50% Tibet 50% Neuseeland	100% Tibet	30% Tibet 70% Neuseeland
Herkunft Rohwolle 80-Knoten-Teppich	80% Tibet 20% Neuseeland	100% Tibet	100% Tibet
Herkunft Rohwolle 100-Knoten-Teppich	100% Tibet	100% Tibet	100% Tibet
Herkunft Baumwolle	Indien	Indien	Indien
Herkunft Seide	Indien oder China	Indien oder China	Indien oder China
Preis 50 x 50 cm 100-Knoten-Teppich	55–60 USD	40 USD	50–60 USD
Preis 70 x 140 cm 100-Knoten-Teppich	235 USD	156 USD	220–240 USD
Karden	Extern	–	–
Spinnen	Intern	Intern	Intern
Färben	Extern	Intern	Intern
Knüpfen	Intern	Intern	Intern
Scheren	Extern	Extern	Extern
Waschen	Extern	Extern	Extern

Tabelle 3: Vergleich der Handwerkszentren von Jawalakhel, Tashi Palkhiel und Tashi Ling.

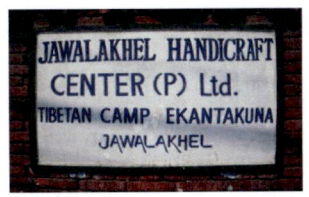  

Abbildung 22 : Willkommenstafeln der Handwerkszentren Jawalakhel, Tashi Palkhiel und Tashi Ling.

Abbildung 23: Visitenkarten der Handwerkszentren Jawalakhel, Tashi Palkhiel und Tashi Ling.

6.2.5 Die Zukunft der Teppichproduktionszentren

Die optimale Organisation der umfangreichen Produktion des Tibet-Teppichs bedurfte einiger Jahre der Erfahrung und Geduld, doch die Arbeitsabläufe haben sich mittlerweile eingespielt. Die grössten Schwierigkeiten verursachte meist nicht die eigentliche Herstellung der Teppiche, sondern die Beschaffung der Rohstoffe und die Verarbeitung der Wolle (Högger 1968:77–78).

Für westliche Kunden sind die Tibet-Teppiche vor Ort in den touristischen Teppichknüpfzentren in Kathmandu und Pokhara mit Preisen um die 200 Dollar relativ günstig zu erwerben, zumal wenn man bedenkt, dass eine Knüpferin an einem Standardmodell von 70 x 140 cm ungefähr einen Monat lang arbeitet und davor und danach zahlreiche weitere Arbeitsschritte anfallen (FTB 2011:110–111/126/202).[163] Heute ist es vor allem der unstete Markt, der die ehemaligen *SATA Handicraft Centers* und die seit Ende der 1970er Jahre wie Pilze aus dem Boden geschossenen privaten Konkurrenzbetriebe in Bedrängnis bringt. Erwirbt man einen nepalesischen Tibet-Teppich im Ausland, kommen zu den Herstellungskosten Versandkosten und Zollgebühren hinzu, sowie Aufwendungen des Zwischenhandels, der im Vergleich zu Nepal massiv höhere Lebenskosten in Rechnung stellen muss, sodass sich der Endpreis des Produkts stark erhöhen kann.[164] Im internationalen Vergleich kämpft der handgeknüpfte Tibet-Teppich nicht nur gegen Erzeugnisse wie zum Beispiel Berber-Teppiche aus Marokko oder Gabbeh-Teppiche aus Südpersien, sondern auch gegen maschinell hergestellte Billigware aus Indien und China. Gegenwärtig ist der Teppich im Westen generell kein Lifestyle-Produkt. Er entspricht nicht dem Zeitgeschmack und es ist keineswegs absehbar, ob er demnächst den Weg zurück in die Wohnzimmer findet.

Selbstverständlich wollen die Handwerkszentren den Tibet-Teppich nicht komplett maschinell produzieren, was wegen der speziellen Knüpftechnik bisher auch niemandem in befriedigender Art und Weise gelungen wäre. Dennoch stellt sich die Frage, ob sich vielleicht vor- oder nachbereitende Arbeitsschritte mechanisieren liessen. 1963 wurde für die Spinnerinnen das Tretrad eingeführt, und 1965 wurde mit Umschulungskursen auf das nepalesische Handspinnrad begonnen. So konnte die Garnproduktion innert kürzester Zeit drastisch gesteigert werden. Es wäre ein Leichtes und wahrscheinlich auch kostensenkend, die Wolle maschinell zu Garn verarbeiten zu lassen. Im Extremfall könnte man den Produktionsschritt gar auslagern und die fertig gesponnene Wolle einkaufen. Eine solche Entwicklung wäre allerdings dem Charme und der Qualität des Tibet-Teppichs abträglich (siehe Abschnitt 5.4.3), und wie Rudolf Högger (1968:79–80) bereits Ende der 1970er Jahre festhält, bedeuten Massnahmen dieser Art, dass wirtschaftliche Probleme gegen soziale – und sicher nicht einfacher zu lösende – Probleme eingetauscht würden. Seiner Meinung nach wurden bereits alle technischen Rationalisierungsmassnahmen im Rahmen des Möglichen und Wünschbaren ergriffen. Doch was heisst „möglich" und „wünschbar"? Vielleicht leiden die Handwerkszentren von Jawalakhel und Tashi Palkhiel gerade an diesem Punkt.

---

163 Die Preise in den kleinen Shops (siehe Abschnitt 6.5.3) in der Nähe des *Jawalakhel Handicraft Centers* sind in etwa gleich, in Kathmandus Touristenviertel Thamel kosten vergleichbare Teppiche aber ohne weiteres doppelt so viel (FTB 2011:21/198).

164 Die in der Schweiz im Einrichtungsfachhandel tätige Möbel Pfister AG verkauft in Nepal hergestellte Tibet-Teppiche in der Grösse 70 x 140 cm zu Preisen zwischen 200 und 1000 Franken (Möbel Pfister AG 2012).

Es scheint, als ob sie mittlerweile in erster Linie dazu dienten, die tibetische Gemeinschaft zusammenzuhalten. Im heute schwierigen Marktumfeld ist es aber nicht mehr ratsam, einen Betrieb nicht primär nach ökonomischen Gesichtspunkten zu organisieren. Die schwerfälligen Handwerkszentren müssen zu viele Rücksichten nehmen und können deshalb im internationalen Geschäft nicht mehr mithalten.

Abbildung 24: Blick auf das Tashi Ling Handicraft Center; Pokhara 2011; Fotografie Christoph Müller.

Obwohl der Markt drastisch eingebrochen ist, gibt es doch immer noch zahlreiche Teppichproduzenten in Nepal, die ihre Ware exportieren. Die beiden innovativen, privaten tibetischen Unternehmer, die ich besuchen durfte (siehe Abschnitt 6.5.3), setzen dazu auf Topqualität und nicht auf Quantität. Die tibetischen Handwerkszentren dagegen leben fast ausschliesslich vom Tourismus. Sollte dieser in den nächsten Jahren zunehmen, besteht für eine Siedlung wie Tashi Ling, die touristisch anziehend wirkt, durchaus Hoffnung auf wirtschaftlich prosperierende Zeiten. Gerade das wird aber zum Problem für Tashi Palkhiel, das etwas abgeschiedener liegt und seine Teppiche um ein Drittel günstiger anbieten muss. Das grosse *Jawalakhel Handicraft Center* ist, obwohl man in Kathmandu vielerorts Teppiche kaufen kann, in seiner Form als lebendiges Museum in der näheren Umgebung konkurrenzlos. Trotzdem wäre ihm für die Zukunft etwas mehr Mut, Innovationskraft, Wirkungsvermögen und Kundenorientierung zu wünschen.[165] Mit der eigentlich guten Ausgangslage müssten sich wieder vermehrt ausländische Kunden akquirieren lassen.

---

165 Auf eine Mailanfrage bezüglich einer Offerte zum Versand tibetischer Teppiche nach Europa habe ich nie eine Antwort erhalten (JHC 2012).

6.3 Der Aufbau assoziierter Institutionen

Nach dem Aufbau von Siedlungen (siehe Kapitel 6.1) und Teppichproduktionszentren (siehe Kapitel 6.2) erkannte man, dass die Strukturen der neu geschaffenen Einrichtungen organisatorisch und wirtschaftlich weiterentwickelt werden mussten, um dem Ziel der ökonomischen Selbständigkeit der Tibeter gerecht zu werden. Dazu wurden eine Reihe neuer Institutionen ins Leben gerufen, welche in diesem Kapitel erläutert werden.

6.3.1 Die Gründung von aktienrechtlichen Produktionsgesellschaften ab 1966

Anfang 1966 gründete die stets um weitere Professionalisierung bemühte SATA in Jawalakhel, Chialsa und Tashi Palkhiel, je eine Produktionsgesellschaft nach nepalesischem Aktienrecht zur Herstellung von tibetischen Teppichen. Deren Leitung wurde von Beginn an tibetischen Verwaltern anvertraut. Die Exportgeschäfte übertrug man der gleichzeitig gegründeten Handelsgesellschaft *Carpet Trading Company* (CTC) mit Sitz in Kathmandu, die noch bis 1975 unter Führung eines Schweizers stand (siehe Abschnitt 6.3.2). Die Tibeter so früh strategisch einzubinden war nur deshalb möglich, weil sich die SATA im Vorjahr stark bemüht hatte, tibetische Kader hervorzubringen. Später wurde sogar eigens zu diesem Zweck ein Ausbildungslehrgang organisiert (siehe Abschnitt 6.3.3). Die ausgegebenen Aktien wurden in etwa dreigeteilt. Der Kapitalanteil der SATA lag über alle drei Produktionsgesellschaften hinweg gerechnet bei 120'000 Rupien, derjenige der Exilregierung des Dalai Lama bei 130'000 Rupien und derjenige der lokalen tibetischen Gemeinschaften bei 90'000 Rupien, wobei dieser zuletzt genannte Betrag ebenfalls vom Bund gestiftet wurde. Das Arbeitskapital, welches für die Mitsprache nicht ausschlaggebend war, betrug insgesamt 582'000 Rupien und setzte sich ebenso aus schweizerischen Mitteln zusammen. Durch die Wahl der Aktiengesellschaft als Organisationsform wahrte sich die SATA ein ihrem Kapitalanteil entsprechendes Mitbestimmungsrecht. Wie mir von der *Swiss Development Corporation* und dem *Jawalakhel Handicraft Center* erklärt wurde, übten auf ausdrücklichen Wunsch der Tibeter die schweizerischen Mitarbeiter noch lange nach der offiziellen Übergabe 1975 eine beratende Funktion aus. Die finanzielle Beteiligung des DftZ an den vier neuen Gesellschaften belief sich insgesamt auf über 7.5 Millionen Rupien (damals etwa 860'000 Franken). Ihren Aktienanteil vermachte die Schweiz 1998 der tibetischen Wohlfahrtsstiftung *Snow Lion Foundation* (siehe Abschnitt 6.3.4). (FTB 2011:50–51/166–167; Högger 1968:74–77; Künzi 2008; Wilhelm 2012:142).

6.3.2 Die Gründung der Exportgesellschaft Carpet Trading Company ab 1966

Anfang 1966 wurde mit der definitiven Gründung der bereits zuvor provisorisch errichteten *Carpet Trading Company* CTC eine Handelsgesellschaft in aktienrechtlicher Form gebildet, welche fortan die Vermarktung und den Verkauf der Teppiche der Produktionsgesellschaften von Jawalakhel, Chialsa und Tashi Palkhiel organisierte.[166] In den Jahren unmittelbar danach stieg die jährliche Exportmenge stark an auf 3000 und schliesslich 5000 Quadratmeter. Während langer Zeit war die CTC alleinige und bis in die frühen 1980er

---

166 Ursprünglich hiess die Exportgesellschaft *Tibetan Carpet Trading Company*. Aus politischen Gründen wurde der Name verkürzt auf *Carpet Trading Company* (Wilhelm et al. 2007).

Jahre grösste Teppichexporteurin Nepals. Anfänglich bestand ihre Aufgabe vor allem darin, die Verluste, welche in der Produktion und im Export anfielen, durch den Handel mit den aus der Teppichausfuhr resultierenden Devisen wettzumachen (siehe Abschnitt 6.4.1). 40% davon gingen an den nepalesischen Staat, 60% standen der CTC zur freien Verfügung. 1966 gelang es, von der Regierung Importlizenzen zu erlangen, die gewinnbringend an private nepalesische Importeure weiterverkauft werden konnten.[167] Dies wurde zu einem einträglichen Geschäft, sodass Ende 1967 die Erfolgsrechnung der CTC erstmals positiv ausfiel, beziehungsweise die Devisengewinne das Gesamtunternehmen *SATA Handicraft Centers* endlich selbsttragend machten.[168] Der Verkaufserlös der Tibet-Teppiche war damit aber noch nicht kostendeckend (Högger 1968:88/91–92; Wilhelm et al. 2007).

Abbildung 25: Elizabeth Neuenschwander (3.v.r.) und Sonam Topgyal (2.v.r.); Kathmandu 1962/1963; Fotografie Elizabeth Neuenschwander.

In den Jahren 1969 bis 1972 war Peter Künzi[169] Leiter der CTC. Danach lenkte bis 1975 mit Urs Leuenberger der letzte Schweizer die Exportgesellschaft, bevor die Leitung an Sonam Topgyal (siehe Abbildung 25) überging und definitiv in tibetische Hände gelegt wurde. Während die CTC in Nepal anfänglich geradezu eine Monopolstellung innehatte,

---

167 Dank den aus dem Teppichexport gewonnenen Devisen konnten verschiedenste neue Güter nach Nepal importiert werden (Högger 1968:92).
168 Seit Anfang 1966 nahm die CTC die Teppiche der Produktionsgesellschaften fix zu einem kostendeckenden Quadratmeterpreis ab. So konnten diese verlustfrei wirtschaften (siehe Abschnitt 6.4.1).
169 Peter Künzi war daneben auch Mitglied des Verwaltungsrats der drei Teppichproduktionsgesellschaften von Jawalakhel, Chialsa und Tashi Palkhiel (VMZ 2008b).

folgten mit den mühsam errungenen ersten Erfolgen Ende der 1960er bis Anfang der 1970er Jahre schnell Nachahmer (siehe Abschnitt 6.5.3), und bald fand sich die Handelsgesellschaft in einem kompetitiven Marktumfeld wieder. Spätestens Ende der 1970er, Anfang der 1980er Jahre galt es, gegenüber der aufkeimenden einheimischen Konkurrenz durch koordinierte Ausfuhr und konsequente Qualitätsbestrebungen Verkaufspreise und Marktanteile zu verteidigen, was letztendlich misslang. Im Jahr 2005 wurde die CTC geschlossen.[170] Seither exportieren die beiden verbliebenen ehemaligen SATA-Handwerkszentren in Jawalakhel und Tashi Palkhiel, sofern sie überhaupt noch ausländische Kunden finden, unabhängig voneinander und auf eigene Rechnung. Für Tashi Palkhiel bedeutet dies den Verlust von Grossaufträgen. Herrschte dort früher der Eindruck, die Exportgesellschaft würde den Löwenanteil der Verkaufsgewinne abschöpfen, erkennt man nun, wie schwierig es ist, eigene Grosskunden zu akquirieren (FTB 2011:110/114; Künzi 2008, 2012; SLF 2012; Wilhelm et al. 2007).

6.3.3 Die Schaffung eines Lehrgangs für angehende tibetische Kader ab 1971

1971 veranlasste die SATA unter Leitung von Peter Künzi einen dreijährigen Ausbildungslehrgang für 22 junge Tibeter mit dem Ziel, kaufmännische Nachwuchskader für die Handwerkszentren zu gewinnen (siehe Abbildung 31). Die stetige Vergrösserung der Betriebe erforderte zuverlässigere Materialplanungen und führte zu komplizierteren Lohnabrechnungen. Deshalb wurden die ausgewählten 15 Männer und sieben Frauen vom schweizerischen SATA-Team in Englisch, Buchhaltung, Qualitätskontrolle und Unternehmensführung ausgebildet. Ziel war es, diese jungen Kader danach in den Handwerkszentren von Jawalakhel, Chialsa und Tashi Palkhiel sowie in der CTC einzusetzen. Dieses Vorhaben gelang jedoch nur zum Teil. Als Mitte der 1970er Jahre das Geschäft immer lukrativer wurde, machten sich etliche der Kursteilnehmer mit eigenen Werkstätten selbständig und versuchten sich – durchaus erfolgreich – selbst im Exportgeschäft. Einige von ihnen sollen zeitweise bis zu 3000 Angestellte – Tibeter und Nepalesen – beschäftigt haben (Frechette 2002:48–50; Künzi 2008; Upadhyaya 2007:41; Wilhelm et al. 2007; Wilhelm 2012:140).

Während meiner Feldforschung in Nepal gelang es mir, mit zwei Brüdern in Kontakt zu treten, die beide Teilnehmer des 1971 lancierten SATA-Ausbildungskurses waren. Der damals gut 20 Jahre alte Tsering Dorjee[171] (siehe Abbildung 26) zog hierfür extra gemeinsam mit seinem jüngeren Bruder Wangdu Namru (siehe Abbildung 18) von Tashi Palkhiel nach Jawalakhel. Nach Abschluss der Ausbildung wollte man ihn in Tashi Palkhiel aber nicht zurück, und so wurde er gemäss eigener Aussage an einen ihm unbekannten Ort ins

---

170 Die Gesellschaft soll allerdings noch nicht liquidiert worden sein (SLF 2012).
171 Tsering Dorjee, geboren 1952, betreibt ein kleines Kommunikations- und Reisebüro in Boudha im Osten Kathmandus. In seinem Geschäft herrscht viel Betrieb. Ständig kommen und gehen Menschen. Sie telefonieren, bezahlen oder beziehen Tickets bei ihm, und das alles während unseres Gesprächs. Tsering Dorjee war einer der ersten in der Gegend, der Computer anschaffte und einen Internetzugang für seine Kundschaft bereitstellte. Seine Tochter lebt in Nepal, sein Sohn studiert in der taiwanischen Hauptstadt Taipeh (FBR 2011:21–22; FTB 2011:73–74/93). Seine Eltern waren Nomaden, flohen 1959 mit der ganzen Familie aus Tibet nach Nepal in die Region Mustang, und lebten dort vier Jahre lang in Jomsom, bevor sie weiter südlich nach Pokhara zogen (siehe Fussnote 146). Noch heute wohnt die Familie mit zwei seiner Brüder und Enkelkindern in der tibetischen Siedlung Tashi Palkhiel (siehe Abschnitt 6.1.4).

abgelegene Hinterland geschickt, wo eine Teppichfabrik hätte sein sollen, jedoch keine vorzufinden war, sodass er dort schliesslich zwei Jahre lang als Lehrer arbeitete. Trotz diesem Malheur sei der Kurs für ihn persönlich sehr erfolgreich gewesen, betreibe er doch bis zum heutigen Tag verschiedenste Geschäfte. Insgesamt seien in Pokhara rund 150 junge Tibeterinnen und Tibeter getestet worden, von welchen nur er und sein Bruder Wangdu Namru, der den Lehrgang allerdings in der Mitte abbrach, zum Ausbildungskurs zugelassen worden seien. Ob bei dieser Entscheidung auch Beziehungen mitgespielt hatten und die Brüder nicht nur aufgrund fachlicher Qualifikationen ausgewählt worden waren, bleibt unklar. Weshalb er nach der Ausbildung keinen Posten bekam, weiss Tsering Dorjee jedoch ganz genau. Der damalige Leiter der tibetischen Siedlung in Tashi Palkhiel neidete ihm und seinem Bruder die Zulassung zum Lehrgang. Also beschäftigte er lieber eigene Verwandte aus Chialsa und Jawalakhel (FBR 2011:21–22; FTB 2011:73–74/92).

Schlussfolgernd lässt sich festhalten, dass dieser dreijährige Ausbildungskurs zwar möglicherweise sein ursprüngliches Ziel verfehlte, da die Mehrheit der Teilnehmer nach Abschluss nicht zum weiteren Gelingen der SATA-Aktion beitrug; doch konnten viele von ihnen in ihrer persönlichen beruflichen Laufbahn vom gewonnenen Wissen profitieren und dadurch eigene Existenzen aufbauen.

Abbildung 26: Tsering Dorjee und Rudolf Hausammann in Tserings Laden; Kathmandu 2011; Fotografie Christoph Müller.

6.3.4 Die Errichtung der Wohlfahrtsstiftung Snow Lion Foundation ab 1972

1972 initiierte die SATA die bis heute existierende Solidaritätsstiftung *Snow Lion Foundation (SLF)*. Die CTC und die drei Handwerkszentren waren verpflichtet, einen Teil ihres Jahresgewinns in diese Stiftung einzuzahlen. Mit den Stiftungsmitteln wurden Sozialaufgaben wahrgenommen, so konnten zum Beispiel tibetische Schulen, einfache Kliniken und Unterkünfte für Betagte finanziert werden. Gegenwärtig fühlt sich die SLF nicht nur den ehemaligen SATA-Siedlungen, sondern allen Tibetern in Nepal verpflichtet. Gemäss Wangdu Namru soll die SLF trotz der Auflösung der CTC und des Umsatzrückgangs in den Handwerkszentren nicht in ernsthafte finanzielle Schwierigkeiten geraten sein (FBR 2011:35; FTB 2011:143–144; VMZ 2008b; Wilhelm 2012:140).

Die SLF ist Schirmherrin von insgesamt zwölf tibetischen Bildungseinrichtungen, darunter auch der *Atisha School* von Jawalakhel, der *Mt. Everest School* von Chialsa und der *Mt. Kailash School* von Tashi Palkhiel. In allen zwölf Schulen ist das Geschlechterverhältnis ausgeglichen. Von den insgesamt 2500 Kindern sind aber nur knapp zwei Drittel tibetischer Herkunft (SLF 2010:11). Da in Chialsa immer weniger Tibeter leben, wird die Schule mit angrenzendem Wohnheim fast ausschliesslich von Kindern anderer Ethnien aus der Region besucht. In Tashi Palkhiel ist der Anteil nicht-tibetischer Kinder kleiner und in Jawalakhel schliesslich gänzlich unbedeutend, nicht zuletzt weil in Kathmandu ganz allgemein das Angebot an Bildungseinrichtungen viel grösser als in ländlichen Gebieten ist. Die nachfolgende Aufstellung zeichnet ein Bild davon, wie sich die Situation in den Schulen der ehemaligen SATA-Siedlungen präsentiert.

Siedlung	Schule	Knaben	Mädchen	Tibeter	Nicht-Tibeter	Total
Jawalakhel	Atisha	33	43	72	4	76
Chialsa	Mt. Everest	101	77	10	168	178
Tashi Palkhiel	Mt. Kailash	68	82	120	30	150

Tabelle 4: Anzahl Schüler in den SLF-Schulen der ehemaligen SATA-Siedlungen (SLF 2010:6–8).

Aktuell unterhält die SLF zwei Kliniken zur primären Gesundheitsversorgung im Grossraum Kathmandu. Die eine befindet sich im östlichen Boudha und die andere im südlichen Jawalakhel. Gemeinsam kümmern sie sich jährlich um ungefähr 1500 Patienten. Insgesamt werden in Nepal über 300 tibetische Senioren finanziell unterstützt. Eine Übersicht zu den Ausgaben der SLF findet sich in Tabelle 5 und Tabelle 6.

Posten	Ausgaben
Stipendien	36'093'781.53 Rupien
Schulen	9'062'393.76 Rupien
Schülerwohnheime	6'572'070.15 Rupien
Administration	2'853'749.68 Rupien
Seniorenunterstützungsleistungen	1'969'850.00 Rupien
Programme	1'169'182.56 Rupien
Gesundheitsversorgung	965'831.94 Rupien
Altersheime	832'227.53 Rupien
Total	59'519'087.15 Rupien

Tabelle 5: Ausgaben der SLF für das Fiskaljahr 2008/2009 nach Posten (SLF 2010:17).

Siedlung	Ausgaben
Jampa Ling	4'608'371.44 Rupien
Tashi Palkhiel	3'507'981.78 Rupien
Chialsa	3'044'669.04 Rupien
Jawalakhel	1'567'536.16 Rupien
Shabru	1'453'292.71 Rupien
Walung	901'303.29 Rupien
Tserok	890'944.92 Rupien
Dhorpatan	360'477.00 Rupien
Tashi Ling	253'500.00 Rupien
Paljor Ling	195'026.10 Rupien
Restliche Aufwendungen	42'511'272.66 Rupien
Total	59'519'087.15 Rupien

Tabelle 6: Ausgaben der SLF für das Fiskaljahr 2008/2009 nach Siedlung (SLF 2010:16).

Aus dem Jahresbericht (SLF 2010:17) des Fiskaljahrs 2008/2009 wird ersichtlich, dass die SLF zwei Drittel ihrer jährlichen Mittel für Stipendien aufwendet. Danach folgen Ausgaben für Schulen und zugehörige Wohnheime. Leistungen für Senioren und Altersheime sowie Kosten für die Gesundheitsversorgung machen einen vergleichsweise kleinen Anteil der beinahe 60 Millionen Rupien aus.

Im Vergleich zu den restlichen von der SLF unterstützten Siedlungen fliessen relativ viele Mittel nach Jawalakhel, Chialsa und Tashi Palkhiel. Im Falle von Chialsa und Tashi Palkhiel erklärt sich dies wie bei Jampa Ling und Shabru dadurch, dass die dortigen Schulen mit Schülerwohnheimen ausgerüstet sind. Jawalakhel verfügt über kein Schülerwohnheim, hat dafür aber ein Altersheim. Die SLF finanziert sich zwar nicht mehr wesentlich aus Gewinnbeteiligungen des Teppichverkaufs, wie es die Intention der SATA war, dennoch bleibt sie bis heute eine wichtige Stütze der tibetischen Gemeinschaft in Nepal. Sie verfügt über namhafte internationale Geldgeber aus den USA, Japan, Deutschland, Grossbritannien, Frankreich, Schweden, Dänemark, Belgien und der Schweiz (SLF 2010:15–16).

6.4 Blütezeit und Niedergang des nepalesischen Teppichmarkts

Die Produktion von Tibet-Teppichen innerhalb der SATA-Handwerkszentren entwickelte sich zunächst erfreulich. Allerdings musste bald festgestellt werden, dass die produzierten Mengen ohne zusätzliche Marketingaufwände nicht wie geplant abgesetzt werden konnten. Dieses Kapitel beschreibt, wie sich die Produktionskapazitäten und die Absatzvolumen unabhängig voneinander entwickelten.

6.4.1 Die Entwicklung der Teppichproduktion

Bis Mitte der 1960er Jahre widerspiegelten die Produktionszahlen der einzelnen Teppichknüpfzentren der SATA die begangenen Fehler in Organisation und Produktion, indem sie monatlich um teils über hundert Prozent schwankten.[172] Wie in Tabelle 7 ersichtlich wird, entwickelte sich die Produktion dennoch stetig aufwärts und erreichte 1965 mit der Eröffnung des Zentrums in Tashi Palkhiel einen neuen Höhepunkt.

Datum	Juni 1963	Okt 1963	April 1964	Dez 1964	Okt 1965
Monatliche Produktion	62 m^2	85 m^2	190 m^2	230 m^2	379 m^2

Tabelle 7: Entwicklung der monatlichen SATA-Teppichproduktion von 1963 bis 1965 (DEZA 1968a:1; Högger 1968:78).

Alleine durch die positive Entwicklung der Produktion war die Wirtschaftlichkeit des gesamten Unternehmens jedoch noch nicht gegeben. Erst im Verlauf des Jahres 1965 gelang es dem neuen Teamleiter Peter Arbenz,[173] das Rechnungswesen der drei Zentren zu vereinheitlichen. Bald wurde erkennbar, dass die Teppichproduktion ein unrentables Geschäft war. Der erste Halbjahresabschluss von Mitte 1965 vermittelt davon ein deutliches Bild (siehe Tabelle 8). Ein halbes Jahr später stellte sich die Situation um einiges positiver dar. Tabelle 9 zeigt, wie es den Produktionszentren gelang, Kosten zu senken. Die provisorisch errichtete CTC erwirtschaftete gar ein positives Ergebnis (Högger 1968:78/90).

---

172 Dazu kamen weitere Unsicherheitsfaktoren. Die Transporte hingen vom Wetter ab, der Nachschub an Wolle von der Jahreszeit und die Arbeitsintensität vom tibetischen Kalender. Wegen der zahlreichen religiösen Feste kam es häufig zu Arbeitsausfällen (Högger 1968:83/89). Während meiner Feldforschung konnte ich miterleben, dass das gesamte Personal in Tashi Ling mitten in der Touristensaison einen ganztägigen Picknickausflug machte und den Ausstellungsraum schloss (FTB 2011:219).

173 Ab Herbst 1964 war Peter Arbenz im Auftrag des Bundes drei Jahre lang Teamleiter in Nepal. Von 1969 bis 1973 war er Geschäftsleiter von Helvetas, von 1990 bis 1993 der erste Direktor des Bundesamts für Flüchtlinge (seit 2005 Bundesamt für Migration) und von 2001 bis 2012 Präsident von Helvetas (Helvetas 2012).

Produktionszentrum	Abschluss
Jawalakhel	− 24'001 Rupien
Chialsa	− 80'717 Rupien
Tashi Palkhiel	− 13'891 Rupien
CTC	− 22'354 Rupien
Total	− 140'963 Rupien

Tabelle 8: Erster SATA-Halbjahresabschluss von Mitte 1965 (Högger 1968:90).

Produktionszentrum	Abschluss
Jawalakhel	− 4'048 Rupien
Chialsa	− 25'671 Rupien
Tashi Palkhiel	− 2'674 Rupien
CTC	+ 20'141 Rupien
Total	− 12'253 Rupien

Tabelle 9: Zweiter SATA-Halbjahresabschluss von Ende 1965 (Högger 1968:90).

Produktionszentrum	Abschluss
Jawalakhel	+ 9'621 Rupien
Chialsa	+ 7'348 Rupien
Tashi Palkhiel	+ 3'840 Rupien
CTC	− 129'683 Rupien
Total	− 108'873 Rupien

Tabelle 10: Dritter SATA-Halbjahresabschluss von Mitte 1966 (Högger 1968:91).

Da die CTC auf dem europäischen Markt keinen höheren Preis erzielen konnte, lieferten ihr die Handwerkszentren bis Ende 1965 die Teppiche zu 190 Rupien pro Quadratmeter, ein Preis, mit dem die Zentren selbst keinen Gewinn machten. Erst mit der Gründung der Aktiengesellschaften (siehe Abschnitt 6.3.1) Anfang 1966 wurde ein Abnahmepreis von 236 Rupien pro Quadratmeter vereinbart. Nun arbeiteten die Produktionsgesellschaften kostendeckend, derweil die definitiv gebildete Handelsgesellschaft CTC die Exportverluste zu tragen hatte. Beim Vergleich von Tabelle 9 und Tabelle 10 verdeutlicht sich diese Defizitverschiebung in Zahlen (Högger 1968:91).

Ende 1967 gestaltete sich die Bilanz der CTC mit Hilfe von Devisengegengeschäften erstmals wieder positiv (siehe Abschnitt 6.3.2). Da der Rationalisierung der Produktion Grenzen gesetzt waren (siehe Abschnitt 6.2.5), blieb als Alternative die Ausweitung des Exports, welche eine Steigerung der gewinnbringenden Devisenerlöse implizierte (Högger 1968:92). Hierzu wurde vom DftZ ein halbstündiger Werbefilm in Auftrag gegeben, der das Schweizer Publikum zum Kauf anregen sollte. Gezeigt wird die gesamte Teppichproduktion in Jawalakhel, Chialsa und Tashi Palkhiel, des Weiteren die Warenroute von Kathmandu via Rajpathpass bis zum Schiffsverlad in Kalkutta (DEZA 1968a:4–5; Saas 1967).

6.4.2 Die Entwicklung der Teppichabsatzmärkte

Zunächst kam als Markt für die neuen Produkte der SATA-Handwerkszentren nur Kathmandu in Frage. Binnen kurzer Zeit zeichnete sich allerdings ab, dass die Unternehmen auf einen breiteren Absatz angewiesen waren, wollte man mit ihrer Hilfe die neu erbauten Tibetersiedlungen auf eine gesunde wirtschaftliche Basis stellen. 1962 erkundete Kurt Egloff, der Projektleiter aus Chialsa, die Verkaufschancen von Teppichen und weiteren tibetischen Handwerkserzeugnissen in der Schweiz. Im darauf kommenden Winter wurden in Gstaad und Klosters bereits die ersten tibetischen Stiefel verkauft. 1963 wurden erstmals Kontakte mit europäischen Teppichimporteuren geknüpft, darunter auch mit dem Teppichhändler Erwin Gans-Ruedin aus Bern, der die Produktion in den Folgejahren intensiv betreute. Später erwarb sich das Unternehmen Iten-Maritz aus Zürich bei der SATA das Alleinverkaufsrecht für Tibet-Teppiche in Europa. Obwohl der nepalesische Markt stetig wuchs, verlor er kontinuierlich an Bedeutung gegenüber dem Exportgeschäft (Högger 1968:74–75; Wilhelm 2012:139/144).

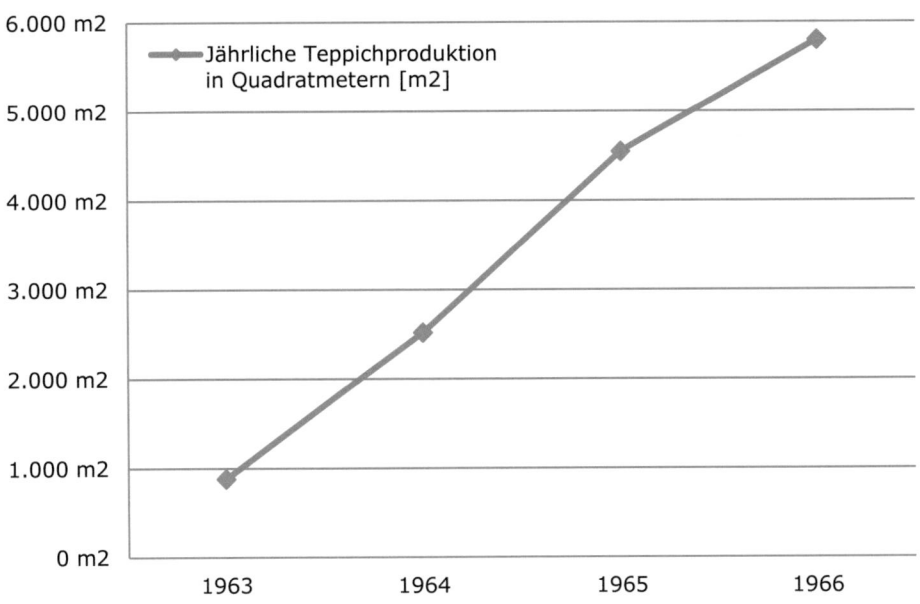

Tabelle 11: Entwicklung der jährlichen SATA-Teppichproduktion von 1963 bis 1966 (Högger 1968:78/92).

In europäischen Marktanalysen ging man davon aus, dass der Absatz der Tibet-Teppiche auch bei starken Produktionssteigerungen gesichert sei. Als wichtigste Märkte wurden Deutschland und die Schweiz identifiziert. 1966 stieg die jährliche Kapazität der Produktionsgesellschaften auf beinahe 6000 Quadratmeter. Vergleicht man diese Zahl mit den hochgerechneten verfügbaren monatlichen Daten aus Tabelle 7 – siehe Tabelle 11 –, so erkennt man eine gewaltige Steigerung innerhalb von nur drei Jahren. Bereits im Folgejahr 1967 zeichnete sich aber ab, dass der Absatz von Tibet-Teppichen in Europa trotz Werbeaktivitäten mit etwa 3000 Quadratmetern pro Jahr eine obere Grenze erreicht hatte. Dies bedeutete für die Handwerkszentren teilweise einschneidende Arbeitszeitkürzungen. Aufgrund der geschaffenen Überkapazitäten in Bedrängnis, wurde 1968 damit begonnen, den amerikanischen Markt zu bearbeiten (Högger 1968:92–93).

Ende der 1970er und Anfang der 1980er Jahre begann der Boom der nepalesischen Teppichindustrie. Mitarbeitende aus den erfolgreichen Handwerkszentren begannen sich selbständig zu machen und gründeten eigene Teppichproduktionszentren. Ebenso begannen Nepalesen in der Branche Fuss zu fassen. Aufgrund der grossen Nachfrage wurde der Tibet-Teppich nicht mehr nur von Exiltibeterinnen geknüpft. Bald wuchs die Industrie weit über die von der SATA für die Tibeter angeregte Teppichproduktion hinaus. Der Tibet-Teppich wurde zum „Nepal-Tibeter" (Künzi 2008; Wilhelm 2012:142).

Lag der jährliche nepalesische Teppichexport zu Beginn der 1970er Jahre bei 10'000 Quadratmetern und in den 1980er Jahren bei 100'000 Quadratmetern, überstieg er in den 1990er Jahren die Millionengrenze. Gleichzeitig stieg die Zahl der in der Branche Angestellten von einigen 10'000 bis auf über 100'000.[174] Deutschland und Grossbritannien waren Hauptimporteure. Die Teppichindustrie soll bei ihrem Höhepunkt Mitte der 1990er Jahre mit Ausfuhren von über zwei Millionen Quadratmetern bis zu zwei Drittel aller nepalesischen Exporte ausgemacht haben und wurde nach dem Tourismus zur zweitbedeutendsten Einnahmequelle für Devisen (FTB 2011:80; Upadhyaya 2007; Wilhelm 2012:141).

Dann folgte abrupt der Niedergang. Für Krishna Prasad Maskey aus Jawalakhel und Wangdu Namru aus Tashi Palkhiel liegt der Grund für den Zerfall der nepalesischen Teppichindustrie ab Mitte der 1990er Jahre in der mangelhaften Qualität der nach Europa exportierten Ware. Dazu entbrannte im ohnehin schon schwierigen Marktumfeld die Debatte über Kinderarbeit in Nepal.[175] Entsprechende Vermutungen liessen sich leider nicht vollends widerlegen, da es in gewissen Teppichproduktionszentren tatsächlich Fälle von Kinderarbeit gab (FBR 2011:32–33; FTB 2011:53/143; Upadhyaya 2007:41; VMZ 2008b).

---

174 Die hierzu in der Literatur vorzufindenden Zahlen unterscheiden sich relativ stark. Elvira Graner (2001:256) schätzt für Anfang der 1990er Jahre die Anzahl Angestellter der beiden arbeitsintensivsten Prozesse Knüpfen und Spinnen auf 60'000 bis 80'000 bzw. 30'000 bis 40'000, etwa die Hälfte davon Frauen. Rolf Wilhelm (2012:142) spricht von insgesamt mehr als 250'000 Arbeitsplätzen in der Branche.

175 Durch den Erfolg der SATA-Handwerkszentren entstanden zahlreiche private Manufakturen, zum Teil gegründet von geschäftstüchtigen Tibetern. Diese, durch die SATA nicht mehr kontrollierbare, ökonomische Entwicklung war grundsätzlich sehr positiv. Allerdings arbeiteten zu jener Zeit nepalesische Frauen und Kinder oftmals unter schlechten Arbeitsbedingungen in diesen privaten Produktionsstätten, während der Gewinn in die Taschen der Besitzer floss (Högger 2007). Bis heute wurden im Kampf gegen Kinderarbeit in Nepal gewaltige Fortschritte gemacht. Dennoch ist sie noch nicht gänzlich ausgemerzt (Graner 2001:256). Zahlreiche Hersteller lassen sich gegenwärtig von international anerkannten Qualitätslabels wie Rugmark oder STEP überprüfen und halten ethische und arbeitstechnische Standards ein (VMZ 2008b).

Teppichhändler Rudolf Hausammann (siehe Abbildung 26) blendet in seiner Erklärung etwas zurück zu den Anfängen. Er ist der Meinung, dass weder Tibeter noch Schweizer oder Nepalesen den Erfolg der Teppichindustrie herbeiführten. Vielmehr sei der Weltmarkt nach Nepal gekommen, nachdem die Kunden der Berber-Teppiche aus Marokko überdrüssig wurden. Entsprechend beurteilt er auch den Niedergang der Branche. Diesmal sei der Gabbeh-Teppich aus der Region Isfahan im Iran von den Händlern aufgebaut worden, und der nepalesische Tibet-Teppich hätte das Nachsehen gehabt. Ausserdem entwickelte sich in den Abnehmerländern ein neuer Lebensstil mit verändertem Konsumverhalten. Modern wurde plötzlich die Leere – ganz im Gegensatz zu mit Teppichen ausgelegten Wohnzimmern.

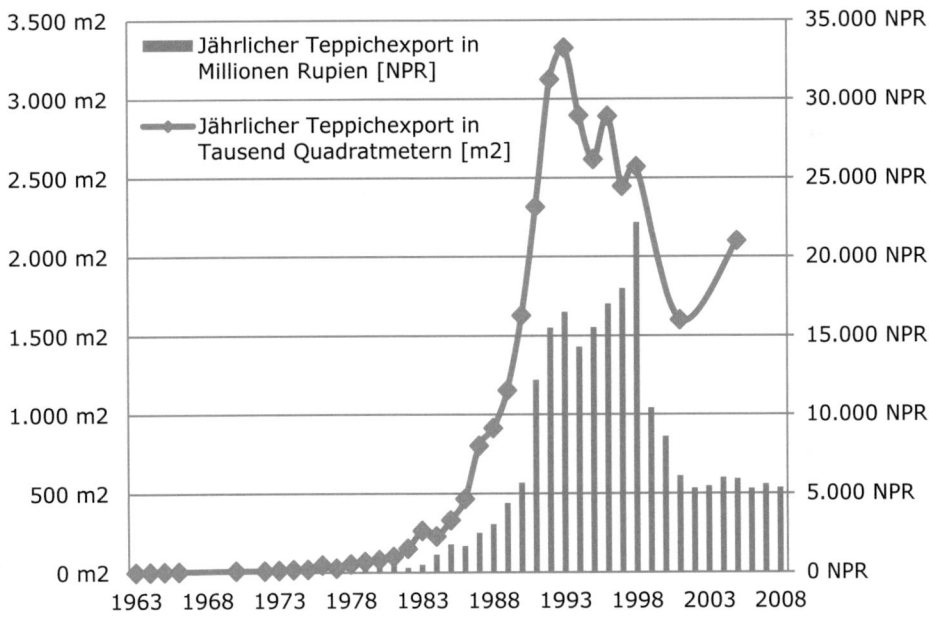

Tabelle 12: Entwicklung der jährlichen SATA-Teppichproduktion von 1963 bis 1966 und der jährlichen nepalesischen Teppichexporte von 1970 bis 2008 (Graner 1999:217; 2003:256–257; Högger 1968:78/92; TEPC 2012; Wilhelm 2012:141).

Ein weiterer Grund für den Niedergang der nepalesischen Teppichindustrie seien die Grosshändler in Europa gewesen, die riesige Lager an Tibet-Teppichen hielten. Als sich der Abwärtstrend abzeichnete, liquidierten sie eilig ihre Bestände und verkauften die Teppiche zu Spottpreisen. Dies machte den Markt vollends kaputt, etliche Händler gingen bankrott und konnten so keine Aufträge mehr erteilen (FBR 2011:33; FTB 2011:80–81).

Elvira Graner (2001:255), eine auf Südasien spezialisierte Geografin, setzte sich intensiv mit dem nepalesischen Arbeitsmarkt auseinander.[176] In ihren Publikationen kommt sie genau wie Krishna Prasad Maskey, Wangdu Namru und Rudolf Hausammann zum Schluss, dass im Wesentlichen drei Gründe ausschlaggebend waren für den plötzlichen Einbruch der nepalesischen Teppichnachfrage:

- Der übersättigte europäische Markt (Überproduktion in Nepal)
- Die öffentliche Diskussion zu den Arbeitsbedingungen (Kinderarbeit)[177]
- Die Exporte qualitativ schlechter Teppiche (Wiederverwendung von Wollabfällen)

Weiter sieht sie einen Zusammenhang zu den seit 1989 errichteten Teppichwäschereien in Nepal, die den Marktwert der Ausfuhren erhöhen sollten. Da die Teppichwäsche ein komplexer Vorgang ist (siehe Abschnitt 5.4.6), wurden bis anhin alle Teppiche zu niedrigeren Preisen als Halbfabrikate verkauft und erst im Ausland gewaschen. Dies begrenzte die Anzahl der Importeure, weil diese in ihrem Heimmarkt zusätzlich um die Wäsche besorgt sein mussten. Laut Graner (2008:214) war es genau dieser Mechanismus, der kontrollierte, dass es nicht zu gefährlichen Überproduktionen kommen konnte. Kurz darauf explodierte die Anzahl an Produzenten (siehe Tabelle 12).

In einer Zeit, in der es der nepalesischen Teppichindustrie gut bekommen wäre, wenigstens vom touristischen Heimmarkt profitieren zu können, eskalierte um die Jahrtausendwende der Konflikt zwischen den Maoisten und der damals noch bestehenden Monarchie. Politische Unruhen liessen die Touristen fernbleiben und verschlimmerten die wirtschaftliche Situation zusätzlich. Die Feriengäste sind mittlerweile zurückgekehrt, doch die Unternehmer im Kathmandu-Tal beklagen seither überzogene finanzielle Abgaben, welche die Maoisten bei ihnen eintreiben wollen. Die verbliebenen Teppichproduzenten (siehe Abschnitt 6.5.3) wünschen sich mehr politische Stabilität, um gegen die indische und chinesische Konkurrenz bestehen zu können (Upadhyaya 2007:42). Letzten Endes lässt sich feststellen, dass sich für Nepal weder der nationale noch der internationale Markt als beständig erwiesen hat.

---

176 Elvira Graner (2001:256/259) beschäftigt sich überdies auch mit Migration. Sie sieht Parallelen zwischen dem nepalesischen Teppich- und Arbeitsmarkt. Grob formuliert lautet ihre These, dass in den späten 1980er Jahren dank des Booms der Teppichindustrie viele Nepalesen einerseits den Weg vom Land in die Stadt und andererseits von der Subsistenzlandwirtschaft zur Lohnarbeit fanden. Nach der Krise der Branche versuchten nun seit den späten 1990er Jahren viele dieser ehemals in der Teppichindustrie beschäftigten Arbeitnehmer ihr Glück in den Golfstaaten.

177 Elvira Graner (1999:214; 2008:215) hält Kritik an Kinderarbeit in Nepal durchaus für berechtigt, beanstandet aber, dass die Diskussion zumindest teilweise stark von westlichen Normen und Werten geprägt ist und diese nicht ohne weiteres auf die Arbeits- und Lebensbedingungen in Nepal übertragbar sind. Es sei geradezu naiv anzunehmen, dass Kinder, denen verboten werde, in Teppichmanufakturen zu arbeiten, automatisch an einem geregelten Schulunterricht partizipieren würden. Zudem hätten gewisse NGOs mit ihren Schuldzuweisungen massiv übertrieben und so der gesamten nepalesischen Teppichindustrie enorm geschadet. Zahlen, die Kinderarbeit im Bereich von 50% und mehr aller Branchenangestellten behaupteten, lagen weit über der tatsächlichen Rate von maximal 20%.

6.5 Unmittelbare Auswirkungen des SATA-Programms

Vor einer abschliessenden Beurteilung des SATA-Programms werden nachfolgend dessen Auswirkungen analysiert. Dieses Kapitel fasst die Konsequenzen schweizerischer Entwicklungszusammenarbeit auf das handwerkliche Produkt, den Tibet-Teppich, auf das soziale Gefüge der tibetischen Gemeinschaft in Nepal und auf das wirtschaftliche Umfeld Kathmandus zusammen.

6.5.1 Motiv- und Farbveränderungen der Tibet-Teppiche

Bedingt durch den Erfolg, wurde es sehr früh unumgänglich, in den Handwerkszentren die zu Beginn verwendeten traditionellen Naturfarben durch synthetische Farben zu ersetzen und die lokal verfügbare tibetische Wolle mit Importwolle aus Neuseeland zu ergänzen (W. Schulthess 2006). In Anbetracht der Exportabsichten war es ausserdem erforderlich, die Motive und Farben der Teppiche zu modifizieren, da die traditionellen Muster für das europäische Auge zu überladen und bunt wirkten. Die Anpassung der Farbgebung an den europäischen Geschmack gelang relativ rasch. Für den Verkaufserfolg ausschlaggebender waren aber die Muster. Nachdem man sich anfänglich noch damit begnügte, die alten, von den Flüchtlingen aus Tibet mitgebrachten Teppiche zu kopieren,[178] gelang es Elizabeth Neuenschwander (siehe Abschnitt 6.2.1) ab 1962 die Muster kontinuierlich anzupassen. 1966 begann mit der Gründung der Exportgesellschaft CTC (siehe Abschnitt 6.3.2) und angeregt durch Vorschläge des Schweizer Verkaufsagenten Iten-Maritz schliesslich die selbständige Entwicklung von Mustern, die den Kundenwünschen bestmöglich angeglichen werden sollten. Es galt Ansprüchen qualitativer und ästhetischer Art des europäischen Marktes gerecht zu werden. Aus Sicht der SATA konnte das Teppichprojekt nur dann sinnvoll sein, wenn es kommerziellen Kriterien genügte, und nach dieser Logik mussten die gestalterischen Freiheiten der Tibeter in bestimmten Punkten eingeschränkt werden (Högger 1968:79–81).

Für Hallvard Kåre Kuløy (1982:23) steht ausser Frage, dass sich der Tibet-Teppich durch die zentrale Herstellung in organisierten Produktionsstätten verändert hat.[179] Seiner Ansicht nach entstehen in Nepal langweilige, uniforme Teppiche, die im Vergleich mit alten Stücken ein ärmliches Bild abgeben. Gründe hierfür sieht er hauptsächlich in der Begrenzung der künstlerischen Freiheiten der Knüpferinnen und Knüpfer. Vorgegebene Farben und Muster, festgelegte Garndicken und genormte Baumwolle führten zwangsläufig zu standardisierten Produkten.

In jüngerer Zeit, nach dem Zusammenbruch der industriellen Exportwirtschaft, hat sich der Kundengeschmack wieder gedreht. In den Ausstellungsräumen der Handwerkszentren finden sich mehrheitlich Teppiche mit traditionellen tibetischen Motiven. So wurde mir denn auch bestätigt, dass die Touristen klassische tibetische Teppiche bevorzugten. Sie suchen Souvenirs, die sie, zu Hause angekommen, an die ferne Reise erinnern sollen.

---

178 1963 liessen sich aus der kostbaren Teppichsammlung des indischen Botschafters in Kathmandu wertvolle Impulse entnehmen (Högger 1968:81).

179 Die bis Mitte der 1970er Jahre hergestellten Teppiche sollen vielfach noch den traditionellen Motiv- und Farbkombinationen entsprochen haben (Hausammann 1992:13).

Anders präsentierte sich die Situation im *Palbu Carpet Atelier* und bei *Handloom Carpet Industries*, wo moderne Farb- und Designvarianten vorherrschen (siehe Abschnitt 6.5.3). Hier existieren keine Ausstellungsräume für Touristen, und die Teppiche werden in erster Linie in den Westen exportiert (FBR 2011:35; FTB 2011:199).

6.5.2 Gesellschaftlicher Wandel in der tibetischen Gemeinschaft

Die Tibeter erwartete in Nepal nicht nur ein geografisch und klimatisch ungewohntes Umfeld, sondern auch neue ökonomische und soziale Verhältnisse. Nach dem Verlassen einer Heimat mit gesellschaftlich wenig durchlässigen Strukturen, erforderte das Leben im Exil eine Anpassung an die neuen Existenzbedingungen. Der Wandel traditioneller Vorstellungen wurde durch das Teppichprojekt begünstigt. Konflikte zwischen der kommerziellen Denkweise der SATA und dem traditionellen tibetischen Denken waren unvermeidlich. Aufgrund veränderter Lohnsysteme kam es im August 1964 in Chialsa und im Februar 1965 in Jawalakhel zu Streiks und schweren Zusammenstössen zwischen den verantwortlichen Schweizern und den Flüchtlingen (Högger 1968:75/84–85).[180]

Für Rudolf Högger (1968:86; 1975:30) offenbarten sich in diesen Unruhen allerdings nicht nur Zweifel gegenüber gewissen Massnahmen der SATA, sondern auch Symptome einer inneren Wandlung, die sich allmählich in der Tibetergemeinschaft vollzog. Soziale Hierarchien seien tendenziell eingeebnet worden. Der Dalai Lama und seine Vertreter hätten an religiöser und politischer Autorität eingebüsst. Die Arbeiterinnen und Arbeiter wehrten sich dagegen, nicht in wichtige unternehmerische Entscheidungen einbezogen zu werden. So vollzog sich in den Teppichproduktionszentren allmählich die Ablösung der traditionellen tibetischen Führungsschicht durch neu ausgebildete Kader, die nach technischen und wirtschaftlichen Gesichtspunkten bestimmt wurden. Hinzu kam eine klarere organisatorische Strukturierung der einzelnen Teppichproduktionszentren. Die verbesserte Führung erlaubte es Anfang 1966, die neu gegründeten Produktionsgesellschaften direkt in die Hände tibetischer Verwalter zu legen (siehe Abschnitt 6.3.1).

6.5.3 Produktion und Handel von Tibet-Teppichen in Kathmandu

In unmittelbarer Nähe zum *Jawalakhel Handicraft Center* im Süden Kathmandus gibt es entlang der Zufahrtsstrasse aus der Innenstadt sechs kleine Teppichläden. Zwei von ihnen werden von Tibetern geführt, vier von Nepalesen. In den guten Jahren existierten hier gegen 15 Geschäfte. Die Läden haben nichts mit dem Handwerkszentrum zu tun und beziehen ihre Ware hauptsächlich von Herstellern aus Boudha. Diese Privatgeschäfte verkaufen etwas günstiger, weil sie mit ihren Gewinnen nicht die Einrichtungen der tibetischen Gemeinschaft in Jawalakhel mitzutragen haben. Weitere Teppichgeschäfte mit vergleichsweise überhöhten Preisen finden sich im Touristenviertel Thamel im Zentrum der Stadt (FBR 2011:10; FTB 2011:21/198–199/203–204).

---

180 Anfänglich berechneten sich die Löhne nach Arbeitszeit. Dieses System erwies sich allerdings als untauglich hinsichtlich der angestrebten Produktionssteigerung. Mit der Einführung von Akkordlöhnen Anfang 1964 in Jawalakhel erhöhten sich die Arbeitserträge kontinuierlich (Högger 1968:84–85).

Das *Palbu Carpet Atelier* ist ein Familienunternehmen und liegt in Boudha im Osten Kathmandus. Pasang Wangchuck ist der kreative Kopf des Betriebs und bestimmt Muster und Farben, der Schwiegersohn Sonam Lama kümmert sich um das Geschäft. Die Familie lebt in der Nähe der Fabrik in einem eindrucksvollen Anwesen mit beachtlichem Umschwung. Sie beliefert seit Jahren den Teppichhändler Rudolf Hausammann in der Schweiz. Seiner Meinung nach konnte das Unternehmen den Niedergang der Branche als eines der wenigen überstehen, weil es stets individuelle Teppiche und nicht bloss Quadratmeterware produzierte.

Abbildung 27: Angestellte beim Sortieren neuer Wollbündel im Palbu Carpet Atelier; Kathmandu 2011; Fotografie Christoph Müller.

Das *Palbu Carpet Atelier* konzentrierte sich nach der Krise des europäischen Marktes gezielt auf die USA und produziert im oberen Preissegment. Bis 2007 seien gute Verkäufe erzielt worden. Dann folgte die weltweite Finanz- und Wirtschaftskrise. Seit Ende 2010 würde das Geschäft schrittweise wieder zulegen. Sonam Lama legt Wert auf die Feststellung, dass sie sich am Zeitgeschmack orientierten und mit der Mode gingen. In der Fabrik entdeckte ich denn auch kaum Teppiche mit traditionellen tibetischen Motiven. Früher liess Sonam Lama in Pokhara spinnen, heute kauft er die gesponnene Wolle extern ein, lässt sie aber im Betrieb nach eigenen Vorstellungen färben, zu Teppichen knüpfen und kunstvoll scheren. Die Wäsche findet dann wieder extern statt, bevor abschliessend allfällige Unebenheiten der Teppiche in der eigenen Fabrik nachgefärbt und nachgeschnitten werden (FBR 2011:11/33; FTB 2011:77–81).

Eigentümer und Geschäftsführer einer weiteren privaten Firma, der *Handloom Carpet Industries*, ist Pema Doleck. Sein Vater war Teppichknüpfer in Tibet und eröffnete das Geschäft 1978. Heute besitzt die Familie Fabriken an verschiedenen Standorten. Ich besuchte diejenige in Bhainsipati im Süden Kathmandus. Ursprünglich war auch dieses Unternehmen auf den europäischen Markt ausgerichtet. 1997 – inmitten des Niedergangs der nepalesischen Teppichindustrie – musste der Inhaber Konkurs anmelden und alle Angestellten entlassen. Die restlichen Lagerbestände wurden unter den Produktionskosten verkauft.

Abbildung 28: Ungefärbte Wollvorräte im Palbu Carpet Atelier; Kathmandu 2011; Fotografie Christoph Müller.

1999 begann Pema Doleck erneut und setzte noch stärker auf Qualität. Auch sein Markt sind nun die USA, wo langsam Aufwärtstendenzen auszumachen sind. Verkauft werden hauptsächlich Einzelanfertigungen. Seine Klientel sei zum Teil berühmt und schwerreich. Direkten Kundenkontakt pflegt er nicht. Händler vor Ort nehmen Farb-, Design- und Qualitätswünsche auf und leiten sie an ihn weiter, worauf er mit der Lieferung von Warenproben beginnt. Pema Dolecks Betrieb produziert Teppiche weit über 100 Knoten pro Quadratzoll, was ich sonst nirgendwo beobachten konnte. Spinnen lässt er in Pokhara, das Färben, Knüpfen und Scheren übernehmen seine Angestellten, die Wäsche erfolgt in Boudha. Am meisten Sorgen bereiten ihm nicht etwa die Exportmärkte, sondern die politischen Probleme im eigenen Land (FBR 2011:11; FTB 2011:206–207).

Die Unternehmen *Palbu Carpet Atelier* und *Handloom Carpet Industries* sind Teil von Nepals Teppichproduktionsindustrie und – genauso wie das Teppichgewerbe rund um das *Jawalakhel Handicraft Center* und in Kathmandus Stadtteil Thamel – unabhängig von den Bemühungen der schweizerischen Entwicklungszusammenarbeit entstanden. Dennoch hat diese – zuerst mit dem Verkauf von Teppichen an Touristen, dann mit den erfolgreichen Exporten durch die *Carpet Trading Company* – den Grundstein dafür gelegt, dass sich einige Adressaten später selbständig machten und dass lokale Nachahmer ebenfalls in die Branche einstiegen und mit der Vermarktung ihrer Produkte im Ausland begannen.

Abbildung 29: Versandbereite Teppiche im Palbu Carpet Atelier; Kathmandu 2011;
Fotografie Christoph Müller.

Trotz wirtschaftlicher und politischer Herausforderungen gelang es Sonam Lama und Pema Doleck, die beide nie direkt mit dem SATA-Programm für Tibeter in Nepal in Berührung kamen, erfolgreiche eigene Firmen aufzubauen. Dank unternehmerischem Denken und flexiblem Handeln konnten die hergestellten Teppiche qualitativ weiterentwickelt und verloren gegangene Märkte ersetzt werden.

*Abbildung 30: Balkenwaage mit Gewichtsstücken im Palbu Carpet Atelier; Kathmandu 2011;
Fotografie Christoph Müller.*

6.6 Retrospektive Beurteilung des SATA-Programms

Im Allgemeinen sprechen beim Projekt *SATA Handicraft Centers*, welches die Produktion und das Marketing tibetischer Teppiche in Nepal unterstützte und schliesslich auf den Erlösen des Exports dieser Teppiche aufbaute, alle beteiligten Schweizer von einem Erfolg. Mehrere unter ihnen veröffentlichten auch Untersuchungen zur Entwicklungszusammenarbeit mit Nepal. Gemäss Toni Hagen[181] (1988:35/255) resultiert die Mehrzahl aller Fehlschläge in der Entwicklungszusammenarbeit aus der Missachtung marktwirtschaftlicher und betriebswirtschaftlicher Überlegungen.[182] Als zweithäufigste Ursache konstatiert er ungeeignetes Personal. Insgesamt bewertete er zehn Entwicklungshilfeprojekte der DEZA in Nepal. Zweien davon beschied er zweifelhafte, zwei weiteren eine sehr geringe und nochmals zwei weiteren eine geringe Nachhaltigkeit; eines der Projekte hält er für erfolgreich und drei weitere für sehr erfolgreich, wobei er das SATA-Programm des damaligen DftZ der letzten, sehr erfolgreichen Gruppe zurechnet. Ernst Basler (1984:22) verfasste zuhanden der Geschäftsprüfungskommission des Nationalrats einen viel beachteten kritischen Bericht mit dem Titel „Sinn und Erfolg von Projekten der schweizerischen Entwicklungshilfe in Nepal". Darin hält er fest, dass es der SATA in Nepal nicht gelungen sei, neben der Subsistenzlandwirtschaft nachhaltige, handwerklich-gewerbliche Arbeitsplätze zu schaffen. Nur die Tibeter hätten mit ihren selbstgeknüpften Teppichen einen wachsenden Erfolg. So urteilt auch Rolf Wilhelm (2002; 2012:142–143) sehr positiv über das SATA-Teppichprojekt und stellt die zahlreichen dadurch geschaffenen Arbeitsplätze in den Vordergrund.[183] Seiner Meinung nach war es, gemessen am Kosten-Nutzen-Verhältnis, das weitaus rentabelste Projekt, welches jemals von der DEZA durchgeführt wurde. Den kompletten Kosten von sechs Millionen Franken[184] setzt er die Teppichexporteinnahmen

---

181 Toni Hagen (1917–2003) veröffentlicht 1988 das Buch "Wege und Irrwege der Entwicklungshilfe – Das Experimentieren an der Dritten Welt", in welchem er aufgrund eingehender Analyse von über 200 Entwicklungshilfeprojekten aufzuzeigen versucht, dass die Ursachen für Fehlleistungen in der Entwicklungszusammenarbeit nicht nur in Faktoren wie der Komplexität der Vorhaben, nicht voraussehbarem Risiko oder Korruption der beteiligten Behörden liegen, sondern vielmehr in den strukturellen Mängeln falsch konzipierter Projekte. Als Ergebnis versucht er Grundsätze für die Konzeption und Evaluation von Entwicklungshilfeprojekten zu entwerfen. Toni Hagen war Mitglied des *Swiss Nepal Forward Teams* sowie späterer Mitarbeiter internationaler Organisationen und Berater privater Hilfswerke.

182 Als Beispiel erwähnt er einen gewöhnlichen Bauern, der, selbst wenn er nicht lesen und schreiben kann, einen untrüglichen Sinn für wirtschaftliche Zusammenhänge habe und den Boden nur dann bearbeite, wenn es sich für ihn lohne (Hagen 1988:27–28).

183 Rolf Wilhelm schrieb 2002 in der Neuen Zürcher Zeitung den Artikel „Entwicklungszusammenarbeit lohnt sich – Schwierigkeiten, Glücksfälle und Erfolge aus 40 Jahren". Sein Eintreten für die Entwicklungszusammenarbeit belegt er mit drei Projekten des Bundes, darunter demjenigen der Teppichproduktionszentren in Nepal. Rolf Wilhelm war ab 1980 stellvertretender Direktor der DEZA, für die er seit ihren Anfängen 1962 bis zu seiner Pensionierung 1992 arbeitete. Zuvor war er von 1958 bis 1960 erster Teamleiter des SHAG in Nepal.

184 Hinzu kommen nicht quantifizierbare Aufwendungen des IKRK und des SRK (Wilhelm 2012:143). Zum Vergleich: Sämtliche bilateralen Leistungen der Schweiz zugunsten von Nepal aus den Jahren 1963 bis 2010 betragen 672 Millionen Franken. Dazu addieren sich die Leistungen der privaten Hilfsorganisationen in Höhe von 75 Millionen Franken (Wilhelm 2012:341–342). Die jährlichen Gelder, welche die öffentliche Schweizer Entwicklungshilfe für sämtliche Projekte in Nepal sprach,

Nepals gegenüber, die sich seit der Jahrtausendwende bei jährlich ungefähr 60 Millionen Dollar eingependelt haben (siehe Tabelle 12). Rudolf Högger (1968:78–80/87; 1975:116) wiederum kommt zum Schluss, dass Erfolgsgeschichten der Entwicklungszusammenarbeit in vielen Fällen nicht haltbar sind, weil sie aus Bruchstücken komplexer Projekte zusammengekittet werden.[185] Dazu stellt er die Frage, ob eine Verwaltungsstelle des Bundes überhaupt die geeignete Institution war, um mit nur wenigen Fachverständigen in einem fernen Land eine effiziente und international konkurrenzfähige Teppichproduktion aufzubauen. Sicher ist, dass sich die Erfordernisse der Flüchtlingshilfe und jene eines kommerziellen Unternehmens in einer ständigen Zwickmühle befanden, da sie sich im Grunde genommen widersprachen: Einerseits sollten möglichst viele Arbeitsplätze geschaffen, andererseits eine hohe wirtschaftliche Effizienz erreicht werden. Menschliche und soziale Ansprüche standen im Konflikt mit den Bedingungen des Marktes. So bewegte sich das SATA-Programm in einem ständigen Spannungsfeld unterschiedlichster Begehren.

Eine ungenügende Beachtung wirtschaftlicher Belange möchte ich dem SATA-Teppichprojekt, das von der Schweiz 1963 vom IKRK übernommen und 1975 den Tibetern übergeben wurde, nicht vorwerfen. Die Optimierung des Herstellungsprozesses und die Professionalisierung der Exportbemühungen standen im Vordergrund. Obwohl zwischen den Mitarbeitern der verschiedenen Organisationen lange Zeit ein koordinatives Durcheinander und Kompetenzgerangel herrschte, gelang es schliesslich, die Zuständigkeiten zu regeln. Nicht zuletzt wegen der komplizierten Organisationsform erlebten die Handwerkszentren Höhen und Tiefen. Doch obwohl es erwiesenermassen zu Reibungen gekommen war, hört man unter den Tibetern nur wenig Negatives zur von der SATA geleisteten Arbeit. Bemängeln lässt sich, dass das Projekt einseitig und riskant ausschliesslich auf die Herstellung von Teppichen setzte. Dieser Vorwurf greift allerdings zu kurz, wenn man sich den erwähnten Bericht von Ernst Basler in Erinnerung ruft, der darlegt, wie schwierig es war, in Nepal überhaupt handwerklich-gewerbliche Arbeitsplätze zu schaffen.

Noch Anfang der 1960er Jahre wurde in den Handwerkszentren verschiedenen Tätigkeiten nachgegangen, zum Beispiel auch der Band- und Stoffweberei (siehe Abschnitt 6.2.1). Erst mit der Zeit folgte – dem Markt gehorchend – eine Konzentration auf die Teppichherstellung und somit eine stärkere Abhängigkeit von der internationalen Nachfrage. Am Ende mussten die Verantwortlichen erkennen, dass sie sich in Anbetracht ihres fehlenden Einflusses auf den sich unvorhersehbar entwickelnden Weltmarkt relativ stark engagiert hatten. Dennoch betrachte ich das Projekt persönlich als gelungen. Seine grösste Stärke sehe ich in der erfolgreichen Übergabe der vier Aktiengesellschaften – dreier Teppichproduktionszentren und einer Exportgesellschaft – an die Tibeter und die damit verbundene vorgängige Ausbildung derselben. Obwohl das Handwerkszentrum von Chialsa und die CTC mittlerweile nicht mehr existieren, konnten die Tibeter erfolgreich vor der

---

    schwankten zum Teil beträchtlich: 1968: 546'000 USD, 1971: 352'000 USD, 1972: 693'000 USD, 1973: 566'160 USD, 1974: 2'002'000 USD, 1975: 3'300'000 CHF, 1976: 4'700'000 CHF (DEZA 1972:15; 1973:12; 1974:13; 1976:13; 1977:14).

185 Rudolf Högger (1975:116) erwähnt als Beispiel einen Bericht über einen erfolgreichen Latrinenbau in einem nepalesischen Dorf, aus welchem allerdings nicht zu erfahren ist, ob die neue Einrichtung auch tatsächlich benutzt wird und wer für den Unterhalt verantwortlich zeichnet. Für ihn zählt nicht das stehende Werk, die Latrine, sondern der in Bewegung gebrachte vollständige Ablauf.

Perspektivenlosigkeit anhaltender humanitärer Hilfe bewahrt werden. Die schweizerische Entwicklungszusammenarbeit verhalf den Flüchtlingen zu einem selbstbewussten Start in einer neuen Heimat.

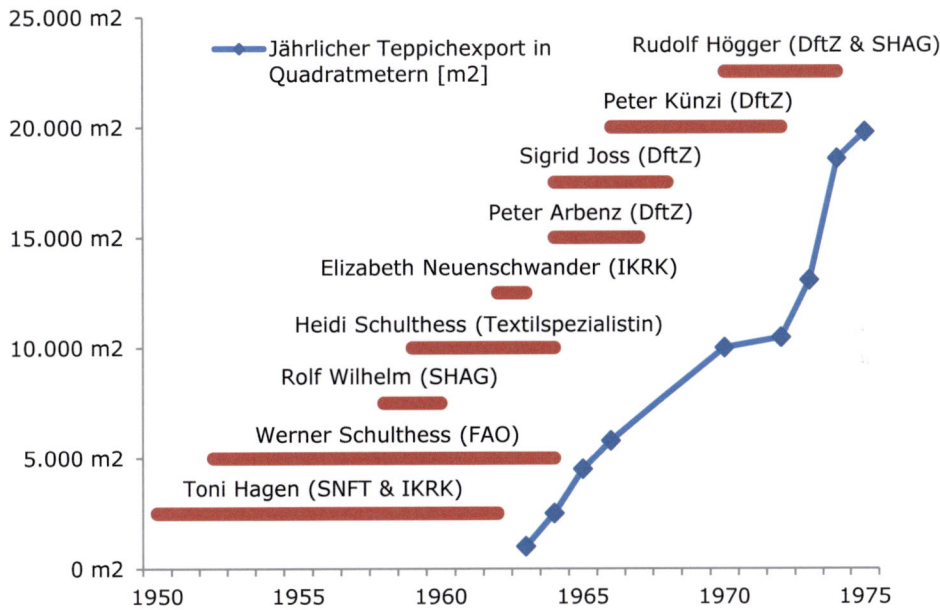

Tabelle 13: Entwicklung der jährlichen SATA-Teppichproduktion von 1963 bis 1966 und der jährlichen nepalesischen Teppichexporte von 1970 bis 1975 im Vergleich zu den jeweiligen Aufenthaltszeiten der Schweizer Entwicklungshelferinnen und -helfer in Nepal (Graner 1999:217; 2003:256–257; Högger 1968:78/92; Wilhelm 2012:141).

Heute werden die Handwerkszentren in Jawalakhel und Tashi Palkhiel eher mit dem Blick auf soziale Aspekte geführt. Ann Frechette[186] (2002:55), US-amerikanische Migrationsforscherin, schreibt gar, sie dienten der Kultivierung des tibetischen Nationalbewusstseins und der Aufrechterhaltung der Unabhängigkeitsfrage. Jedenfalls gelang es ihnen nicht, neue Märkte zu erschliessen. Ihr Geschäft konzentriert sich derzeit auf Touristen, deren Kaufinteresse dadurch geweckt werden soll, dass sie vor Ort Produktionsprozesse wie Fadenspinnerei und Teppichknüpferei beobachten dürfen. Das rentable internationale Exportgeschäft hingegen liegt in den Händen privater Unternehmen wie beispielsweise dem *Palbu Carpet Atelier* oder *Handloom Carpet Industries*.

---

186 Ann Frechette untersucht 2002 in „Tibetans in Nepal – The Dynamics of International Assistance among a Community in Exile" den Einfluss der internationalen Entwicklungshilfe auf die tibetische Gemeinschaft im nepalesischen Exil.

November 18, 1995

Letter of Appreciation

Dear Mr Peter Kunzi,

It is the Swiss Government through sympathetic and competent individuals like you who laid down a solid organisational foundation for the Tibetan refugees in Nepal to develop our skills and mature our sense of awareness at a time when the Tibetans arrived into exile in 1960s.

We also appreciate that when the possibility of leadership and administrative training in Nepal was rare, you organised the three year SATA/CTC Administrative Training (1971-1973) for 22 young Tibetans for the benefit of the Tibetan community in Nepal.

Today, we, as the participants of that course, can see that what you planned 25 years ago was a great success. In appreciation of your farsighted planning, those of us who are currently in Kathmandu sign this letter appreciation.

Yours Sincerely
Former Participants of SATA/CTC Administrative Training

Akar
Sonam Topgyal
Tsering Dorjee
Wangchuk D. Norbu
P. Tashi
Tashi B.
Lhundup Tsering
Thingchuk
Palden Dolma

Yangkyi
Tsering Choedon
Kunsang
Tashi Dhondup
Karma Tashi
Tinley Wangchuk
Ngawang Dolma
Ngawang Yonten

Abbildung 31: Anerkennungsschreiben der Teilnehmer des SATA Lehrgangs; Kathmandu 1995; Kopie Peter Künzi.

7 Konsequenzen der Schweizer Entwicklungszusammenarbeit mit Nepal

Am Ende dieser Arbeit sollen die Ergebnisse nochmals unter der gezielten Frage nach dem Charakter wie auch einem Paradigmenwechsel in der Schweizer Entwicklungszusammenarbeit mit Nepal – und insbesondere im Hinblick auf die Geschichte der tibetischen Flüchtlinge darin – beleuchtet werden.

Mit der Reise des *Swiss Nepal Forward Teams* nach Kathmandu begann im Jahr 1950 die offizielle Schweizer Entwicklungszusammenarbeit mit Nepal, die jedoch noch im selben Jahr wieder eingestellt wurde. Inspiriert durch diese ersten Pionierarbeiten führte ab 1955 das SHAG (seit 1965 Helvetas) verschiedene Projekte in Nepal durch. 1956 wurde es dafür als erstes privates Hilfswerk vom Bund finanziell unterstützt. Kapitel 7.1 fasst zusammen, wie es zu diesem schweizerischen Engagement in Nepal kam, welches die Gründe dafür waren und was für Ziele damit verfolgt wurden.

Aufgrund politischer Unruhen in Tibet flohen ab 1959 zahlreiche Tibeter nach Nepal. Die in Kathmandu ansässigen Ausländer mobilisierten das IKRK, welches mit Unterstützung des SRK Nothilfe für die Flüchtlinge leistete. 1963 übernahm der DftZ (seit 1996 DEZA) gemeinsam mit dem seit Jahren in Nepal präsenten SHAG unter dem Namen *SATA Handicraft Centers* die Verantwortung für die Integration der Tibeter in Nepal. Damit veränderte sich der Charakter des Schweizer Einsatzes in Nepal. Kapitel 7.2 fasst zusammen, wie es der SATA gelang, den späteren Erfolg der nepalesischen Teppichindustrie zu initiieren.

Schliesslich erfuhr die bilaterale schweizerisch-nepalesische Entwicklungszusammenarbeit in den Jahren 1950 bis 1970 einen Paradigmenwechsel, dessen Phasen in den Abschnitten 7.3.1 bis 7.3.3 beschrieben werden. Die Kapitel 7.4 und 7.5 widmen sich den sozialen und ökonomischen Folgen dieses Paradigmenwechsels anhand des Beispiels des SATA-Programms. Das letzte Kapitel 7.6 beleuchtet die jüngere Entwicklung der tibetischen Siedlungen in Nepal und sucht nach Unterschieden zwischen den tibetischen Emigranten von damals und heute.

7.1 Vom Swiss Nepal Forward Team über die private Helvetas zur staatlichen DEZA

Friedrich Traugott Wahlen, FAO-Direktor von 1949 bis 1958, forderte 1950 in einem Brief an Bundesrat Max Petitpierre die Schweiz auf, am Entwicklungsprogramm EPTA (seit 1965 UNDP) der UNO teilzunehmen. Dies veranlasste den Magistraten dazu, ein neues aussenpolitisches Konzept zu definieren, in welchem der internationalen Solidarität eine wichtige Rolle zugesprochen wurde. Die nach dem Zweiten Weltkrieg weltweit in Verruf geratene schweizerische Neutralität sollte fortan durch solidarische Anstrengungen gestärkt werden.

Noch im selben Jahr leistete die Schweiz einen finanziellen Beitrag von einer Million Franken an das EPTA. Damit war die schweizerische multilaterale Entwicklungshilfe geboren. Ebenfalls 1950 brach das *Swiss Nepal Forward Team* nach Kathmandu auf und begründete mit grosser Entschlossenheit die bilaterale Entwicklungszusammenarbeit der Schweiz mit Nepal. Den konzeptionellen Rahmen für diese Expertenreise definierte die Koordinationskommission, deren Auftrag es war, die Verfolgung der schweizerischen Landesinteressen bei der Unterstützung wirtschaftlich schwacher Länder im Auge zu behalten. Konkret ging es darum, die neuen Märkte der hilfeempfangenden Länder für schweizerische Exporte zu sondieren. Eine Fortführung der vom *Swiss Nepal Forward Team* angeregten Vorschläge lehnte die Koordinationskommission folglich mit der Begründung ab, dass die so eingesetzten Mittel in keinem Verhältnis zu möglichen Gewinnen stünden.

Ein deutlich weniger ökonomisch veranlasstes Motiv schrieb sich der 1955 gegründete Verein SHAG in die Statuten, dem es ein Anliegen war, einen „schweizerischen Beitrag an die materielle, soziale und kulturelle Entwicklung wirtschaftlich benachteiligter Völker ausserhalb Europas" zu leisten. Durch die von der Schweiz finanzierte Million zuhanden des EPTA konnten ab 1952 schweizerische Fachkräfte finanziert werden, die in Nepal für die FAO arbeiteten und teilweise Empfehlungen des *Swiss Nepal Forward Teams* umsetzten. Das SHAG ging sofort daran, diese Helfer zu unterstützen, und machte Nepal fortan zu einem seiner Schwerpunktländer. Dieses Engagement eines privaten Vereins trug entscheidend dazu bei, dass die 1950 mit dem *Swiss Nepal Forward Team* gestartete bilaterale schweizerisch-nepalesische Entwicklungszusammenarbeit 13 Jahre später durch den DftZ, der 1961 gegründeten staatlichen schweizerischen Entwicklungshilfeorganisation, eine Fortsetzung fand.

7.2 Von der Nothilfe des IKRK und SRK zur technischen Aufbauarbeit der SATA

Als 1959 tausende Tibeter nach Nepal flohen, leistete das IKRK mit Unterstützung des SRK Nothilfe. Viele der Flüchtlinge hofften noch Jahre später auf eine dereinstige Rückkehr nach Tibet und sträubten sich gegen integrative Bemühungen in Nepal, die über provisorische Einrichtungen hinausgingen. Diese Haltung ist im historischen Kontext durchaus nachvollziehbar. Der 13. Dalai Lama lebte von 1904 bis 1909 unter anderem in der Mongolei und später, von 1910 bis 1913, in Indien im Exil. Auch der 14. Dalai Lama verliess zwischenzeitlich seinen Regierungssitz und hielt sich von 1950 bis 1951 in Yadong im Süden Tibets auf. Beide kehrten jedoch nach Lhasa zurück. Aus dieser Perspektive wurde die Flucht des 14. Dalai Lama 1959 nach Indien nicht unbedingt als dauerhaft verstanden, und es ist deshalb verständlich, dass viele Tibeter seine Rückkehr nach Lhasa jederzeit für möglich hielten. Für aussenstehende Beobachter war bereits früher klar, dass sich die Situation nicht so bald ändern würde.

Das IKRK, welches nicht dazu gedacht ist, zeitlich unbeschränkt Nothilfe zu leisten, bemühte sich darum, den Flüchtlingen in Nepal eine Lebensgrundlage zu verschaffen. Technische Aufbauarbeit gehörte jedoch nicht zum Kerngebiet des IKRK, deshalb wandte sich die nepalesische Regierung an die Schweiz und ersuchte diese hinsichtlich der Integration tibetischer Flüchtlinge um Hilfe. 1963 wurde der DftZ mit der Aufgabe einer Lösungsfindung betraut und startete das Projekt *SATA Handicraft Centers*, zu welchem aufgrund seiner langjährigen Erfahrung in Nepal das SHAG hinzugezogen wurde. Die vom IKRK in der Absicht eingeleiteten Massnahmen, tibetische Siedlungen in Nepal wirtschaftlich eigenständig zu machen, wurden weitergeführt. In Jawalakhel, Chialsa und Tashi Palkhiel verfolgte man das Ziel mit Hilfe von Teppichproduktionszentren, in Dhorpatan mittels landwirtschaftlich ausgerichteter Massnahmen. Um die Teppiche nicht nur lokal an Touristen, sondern auch international verkaufen zu können, wurde 1966 eine Exportgesellschaft gegründet. Mit den von ihr eingenommenen Mitteln wurde eine Stiftung finanziert, die sich seit 1972 um schulische, gesundheitliche und altersfürsorgliche Belange der Tibeter in Nepal kümmert. Ab 1975 lagen sämtliche von der SATA initiierten Einrichtungen in tibetischer Hand.

Es konnte ferner dargelegt werden, dass der Tibet-Teppich sich schon früh zu einer beachtlichen Einnahmequelle entwickelte. Ab Ende der 1970er Jahre erfuhr die nepalesische Teppichindustrie aufgrund einer hohen Exportnachfrage einen bedeutenden Aufschwung, der bis Mitte der 1990er Jahre anhielt und von dem sowohl Tibeter als auch Nepalesen profitieren konnten. Später kam es zu einer heftigen Marktbereinigung, die auch das Handwerkszentrum von Chialsa nicht verschonte. Jawalakhel und Tashi Palkhiel produzieren bis heute; ihr Verkauf beschränkt sich jedoch, wie gezeigt wurde, auf Touristen vor Ort.

7.3 Paradigmenwechsel in der Schweizer Entwicklungszusammenarbeit mit Nepal

Die Geschichte der frühen schweizerischen Entwicklungszusammenarbeit mit Nepal lässt einen Paradigmenwechsel der helvetischen Beweggründe für dieses Engagement erkennen. Ziel der vorliegenden Arbeit war es, diesen Wandel und seine Folgen am Beispiel der tibetischen Teppichproduktionsstätten herauszuarbeiten. Ein wesentliches Ergebnis der Forschung ist der Nachweis einer Verschiebung der schweizerischen Motive während der 1950er Jahre weg von der Förderung der Exportwirtschaft hin zu nachhaltiger, lokaler Entwicklungszusammenarbeit, basierend auf dem Credo „Hilfe zur Selbsthilfe". Dieser Paradigmenwechsel ermöglichte im Rahmen des SATA-Programms die Ausbildung tibetischer Kader zur Verwaltung der neu gegründeten Siedlungen und Handwerkszentren. Dies wiederum führte dazu, dass innerhalb der tibetischen Exilgemeinschaft eine Ablösung der traditionellen Führungsschicht durch die eben erst ausgebildeten Kader vollzogen wurde. Schlussendlich ist es ihre, teilweise durch Ausbildungen im Rahmen des SATA-Programms begünstigte, ökonomische Selbständigkeit, die es den Tibetern ermöglichte, sich in Nepal zu integrieren.

7.3.1 Phase I: Ökonomische Motivationen

Die bilateralen Hilfeleistungen des Bundes vor 1950 waren von eher bescheidenem Umfang. Mit dem *Swiss Nepal Forward Team* wurden erstmals Experten damit beauftragt, in einem anderen Land Abklärungen vorzunehmen hinsichtlich einer Beteiligung schweizerischer Fachleute an dessen technischem und wirtschaftlichem Aufbau. Die helvetischen Beweggründe, auf eine diesbezügliche offizielle Anfrage der nepalesischen Regierung einzutreten, waren offensichtlich nicht nur humanitärer Natur. Vielmehr waren sie motiviert von politischen und ökonomischen Erwägungen. Man wollte frühzeitig in den potentiell aufstrebenden Märkten hilfeempfangender Länder Präsenz markieren, um schweizerische Forschung und Geschäftsinteressen optimal positionieren zu können, und sah in der internationalen Solidarität ein probates Mittel, die nach dem Zweiten Weltkrieg weltweit in die Kritik geratene Neutralität zu festigen. Letzteres gelang, stellt die Schweiz doch noch heute – international anerkannt – die Neutralität als Grundsatz ins Zentrum ihrer aussenpolitischen Beziehungen. Die anfänglichen Hoffnungen hinsichtlich möglicher Vorteile für die schweizerische Forschung erfüllten sich in Nepal allerdings ebenso wenig wie die Erwartungen im wirtschaftlichen Bereich. Im fernen Land am Himalaya liessen sich von der Schweizer Industrie vorerst keine Geschäfte machen. Das von der Koordinationskommission erdachte Konzept für die Schweizer Entwicklungszusammenarbeit blieb erfolglos.

7.3.2 Phase II: Humanitäre Motivationen

Eine Erklärung dafür, dass die schweizerischen Tätigkeiten in Nepal trotzdem weitergeführt wurden, sehe ich in einer Verschiebung der Beweggründe. In einer Zwischenphase, in der sich die Bundesbehörden noch zurückhaltend zeigten und nach den Abklärungen des *Swiss Nepal Forward Teams* das Feld räumten, betrat 1955 das private SHAG die Bühne und konzentrierte sich in Nepal mit dezentralen Projekten auf die Förderung der bäuerlichen Wirtschaft. Ab 1956 wurde dieser Verein als erstes Hilfswerk mit Bundesgeldern unterstützt. Die offizielle Schweiz begann also – zumindest indirekt – aus humanitären Gründen, wie sie nämlich vom SHAG verfolgt wurden, in die Entwicklungszusammenarbeit zu investieren. 1963 schliesslich erfolgte in Nepal auch die erste direkte Beteiligung des Bundes an einem internationalen Hilfsprojekt, und zwar zugunsten eines technischen Hilfsprogramms für tibetische Flüchtlinge.

7.3.3 Phase III: Vollzug des Paradigmenwechsels

Die ökonomisch motivierte, frühe schweizerische Entwicklungszusammenarbeit der 1950er Jahre und die kleinbäuerliche, dezentrale Ausrichtung der nepalesischen SHAG-Projekte prägten das Programm *SATA Handicraft Centers*, welches bezweckte, die Tibeter in die wirtschaftliche Selbständigkeit zu führen. Mit den Siedlungen in Dhorpatan und Chialsa wurde nach dem Vorbild der SHAG-Projekte versucht, den Flüchtlingen in Randregionen Nepals eine Existenz zu ermöglichen. Die staatliche schweizerische Hilfe in Nepal war nun nicht mehr ökonomisch motiviert, aber dennoch strikt ökonomisch orientiert. Wirtschaftliche Überlegungen blieben für das Gelingen des Projekts in Form wichtiger Kennzahlen wie Gewinn, Umsatz und Rentabilität erhalten, doch der Paradigmenwechsel weg von der Exportförderung schweizerischer Industrie hin zur „Hilfe zur Selbsthilfe" für benachteiligte

Bevölkerungsgruppen war vollzogen. Beobachtet man die jüngere Geschichte der DEZA, stellt man fest, dass sich die Schweiz in der Entwicklungszusammenarbeit mit Nepal nach den frühen Erfahrungen mit dem Projekt *SATA Handicraft Centers* nie mehr einem vergleichbaren ökonomischen Risiko aussetzte. Bald gewannen Themen wie Berufsbildung, Demokratisierung und Friedensförderung an Bedeutung.

7.4 Gesellschaftlicher Wandel durch technischen Fortschritt

Es wurde gezeigt, dass der Paradigmenwechsel in der Schweizer Entwicklungszusammenarbeit sich auf die Gesellschaft der Exiltibeter in Nepal auswirkte. Die Ablösung der traditionellen Führungsschicht innerhalb der tibetischen Gemeinschaft wurde durch den beschriebenen Paradigmenwechsel beziehungsweise das nun nach neuen Gesichtspunkten ausgerichtete SATA-Projekt beschleunigt. Die von schweizerischen SATA-Mitarbeitern durchgeführte, westlich geprägte Ausbildung junger Tibeterinnen und Tibeter bedeutete eine Herausforderung für das bestehende soziale Gefüge. Die gesellschaftlich wenig durchlässigen Strukturen aus der tibetischen Heimat wurden durch die neue Lebensweise im Exil aufgeweicht. Ganz besonders waren sie mit der marktorientierten Herangehensweise des von der Schweizer Entwicklungshilfe erschaffenen Teppichprojekts unvereinbar. Die Konflikte, welche durch das Aufeinanderprallen der kommerziellen Denkweise der SATA und des traditionellen tibetischen Gefüges zu lösen waren, trugen entscheidend dazu bei, dass es in den Handwerkszentren allmählich zu einer Ablösung der traditionellen tibetischen Führungsschicht durch neu ausgebildete Kader kam, die nach technischen und wirtschaftlichen Gesichtspunkten ausgewählt wurden. Diese Entwicklung innerhalb der Führungsstruktur der Handwerkszentren wirkte sich auch auf die tibetischen Siedlungen aus.

7.5 Integration durch ökonomische Selbständigkeit

Die Integration der Tibeter in Nepal wurde, wie in dieser Arbeit dargelegt, in erster Linie durch deren wirtschaftliche Selbständigkeit erreicht. Die für die Flüchtlinge geschaffenen Arbeitsplätze sicherten das Weiterbestehen der tibetischen Siedlungen. Das SATA-Projekt bezweckte längst nicht mehr, einen ökonomischen Nutzen für die Schweiz zu generieren, was zu Zeiten der Koordinationskommission noch der Fall war. Der Grundgedanke jedoch war noch derselbe: Es ging den Projektverantwortlichen um eine Investition, die sich auszahlen sollte, aber nicht für die schweizerische Exportwirtschaft in der Heimat, sondern für die tibetischen Flüchtlinge in Nepal. Ziel des DftZ war es, die humanitäre Aktion des Roten Kreuzes unter Einsatz monetärer und personeller Mittel in ein sich selbst tragendes Projekt umzuwandeln, welches sich mittelfristig eigenständig finanzieren und organisieren sollte. Während meiner Feldforschung zeigte sich, dass dieses Vorhaben zu einem guten Teil erreicht wurde. Es gelang, die Tibeter aus der Perspektivlosigkeit andauernder humanitärer Hilfe zu befreien. Die drei Teppichproduktionszentren konnten 1966 und die Exportgesellschaft 1975 an die Tibeter übergeben werden. Ihren Aktienanteil überliess die Schweiz 1998 der *Snow Lion Foundation*.

7.6 Von Tibet via Nepal nach Amerika

Wie ging es weiter? Aufgrund ungünstiger Marktentwicklungen musste die Exportgesellschaft CTC im Jahr 2005 geschlossen werden. Seither verkauft das Handwerkszentrum in Jawalakhel vorwiegend Teppiche an Touristen aus Kathmandu und dasjenige in Tashi Palkhiel an solche aus Pokhara. Da Chialsa sehr abgelegen liegt, war es dort nicht möglich, von der Laufkundschaft alleine zu überleben. Weil es sich ausserdem um ein kleines Dorf mit wenigen alternativen Arbeitsmöglichkeiten handelt, ist es verständlich, dass die Tibeter abwanderten.

Aus heutiger Sicht könnte man den Versuch im fernen Osten Nepals konkurrenzfähige Teppiche für den Weltmarkt produzieren zu wollen, für vermessen halten. Der scheinbare Misserfolg kann aber durchaus positiv gewertet werden. Nachhaltige Entwicklungshilfe muss nicht dauerhafte örtliche Integration bedeuten. Wenn heute nur noch wenige Tibeter in Chialsa leben, heisst dies nicht, dass jene, welche einst dort gewohnt haben, nicht trotzdem vom Handwerkszentrum profitierten. Dank Ausbildung und Einkommen konnten sie sich eine Existenzgrundlage schaffen, die ihnen das spätere wirtschaftliche Überleben ermöglichte, als die Teppichproduktion ein Ende fand. Was in Chialsa im Kleinen geschah, spielt sich in der tibetischen Gemeinschaft heute in einem weit grösseren Rahmen ab. Nachdem eine erste Generation von Tibetern als politische Flüchtlinge nach Nepal floh, um Schutz und Sicherheit zu finden, machen sich nun deren Nachkommen als Wirtschaftsflüchtlinge vor allem auf den Weg nach Nordamerika, um dort bessere Lebensbedingungen und Wohlstand zu finden.

So betrachtet war das Projekt *SATA Handicraft Centers* nur eine Zwischenstation beim Aufbau neuer Existenzgrundlagen für die tibetischen Flüchtlinge und ihre Nachkommen. Längst müssen sie sich, genauso wie die Nepalesen auch, in einem sich ständig ändernden wirtschaftlichen Umfeld zurechtfinden. Die vier Siedlungsprojekte zeigen, dass es angesichts ungewisser politischer und ökonomischer Aussichten immer schwierig war, sinnvolle Schlüsse aus der Vergangenheit zu ziehen und überzeugende Strategien für die Zukunft zu wählen. So gesehen bot das Credo der Schweiz „Hilfe zur Selbsthilfe" eine gute Grundlage für die Unterstützung der Tibeterinnen und Tibeter, sich in ihrem neuen Leben in Nepal zurechtzufinden. Und heute wissen sich viele von ihnen in der Tat selbst zu helfen.

Abbildung 32: Materiallager im Tashi Ling Handicraft Center; Pokhara 2011; Fotografie Christoph Müller.

Glossar

amban	Gesandter aus Peking in Lhasa (von 1727 bis 1912)
changphel	Tibetische Hochlandwolle
goyo	Tibetischer Türteppich
jabuye	Tibetischer Kissenteppich
kalön	Minister des *kashag*
kashag	Ministerrat und höchste Behörde der tibetischen Regierung
kathum	Tibetischer Säulenteppich
khaden	Tibetischer Sitz- und Schlafteppich
khagangma	Tibetischer Thronsitzteppich
makden	Obersatteldecke des hölzernen tibetischen Pferdesattels
masho	Untersatteldecke des hölzernen tibetischen Pferdesattels
silön	Minister des *sitsab*
sitsab	Stellvertretendes Chefministerium in Lhasa (von 1950 bis 1952)
tekheb	Tibetischer Pferdestirnschmuck
yabyö	Tibetischer Rückenteppich
yulphel	Tibetische Tieflandwolle

Abkürzungsverzeichnis

AIO	Abteilung für internationale Organisationen im EPD
ALW	Abteilung für Landwirtschaft im EVD (seit 1979 Bundesamt für Landwirtschaft BLW)
BAR	Schweizerisches Bundesarchiv
BBC	Brown Boveri & Cie (seit 1988 Asea Brown Boveri ABB)
BFM	Bundesamt für Migration
BIGA	Bundesamt für Industrie, Gewerbe und Arbeit im EVD (seit 1997 Bundesamt für Wirtschaft BWA) (seit 1999 Staatssekretariat für Wirtschaft SECO)
CIA	Central Intelligence Agency (Auslandnachrichtendienst der USA)
CTA	Central Tibetan Administration (Tibetische Exilregierung in Dharamsala in Indien)
CTSA	Central Tibetan Schools Administration (Tibetische Schuladministration in Neu-Delhi in Indien)
DfA	Delegierter für Arbeitsbeschaffung des Bundesrats
DftZ	Dienst für technische Zusammenarbeit (seit 1976 Direktion für Entwicklungszusammenarbeit und humanitäre Hilfe DEH) (seit 1996 Direktion für Entwicklung und Zusammenarbeit DEZA)
EPD	Eidgenössisches Politisches Departement (seit 1979 Eidgenössisches Departement für auswärtige Angelegenheiten EDA)
EPTA	Expanded Program of Technical Assistance of the United Nations (seit 1965 United Nations Development Program UNDP)
ETH	Eidgenössische Technische Hochschule Zürich
EVD	Eidgenössisches Volkswirtschaftsdepartement (seit 2013 Eidgenössisches Departement für Wirtschaft, Bildung und Forschung WBF)
FAO	Food and Agriculture Organization of the United Nations (Ernährungs- und Landwirtschaftsorganisation der UNO)

Abkürzungsverzeichnis

FBR	Feldforschungsbericht (Juli 2011, Zürich)
FTB	Feldforschungstagebuch (März bis April 2011, Kathmandu, Pokhara, Chialsa)
IKRK	Internationales Komitee vom Roten Kreuz
NGO	Non-Governmental Organization (Nichtregierungsorganisation)
NRC	Nepalese Red Cross (Nepalesisches Rotes Kreuz)
NZZ	Neue Zürcher Zeitung
SEH	Schweizer Europahilfe (seit 1956 Schweizer Auslandhilfe SAH) (seit 1969 Swissaid)
SATA	Swiss Association for Technical Assistance
SFH	Schweizerische Flüchtlingshilfe
SHAG	Schweizerisches Hilfswerk für aussereuropäische Gebiete (seit 1965 Helvetas)
SLF	Snow Lion Foundation
SNB	Schweizerische Nationalbank
SRK	Schweizerisches Rotes Kreuz
TGSL	Tibetergemeinschaft in der Schweiz und Liechtenstein
UdSSR	Union der Sozialistischen Sowjetrepubliken (Sowjetunion)
UNHCR	United Nations High Commissioner for Refugees (Hochkommissar der Vereinten Nationen für Flüchtlinge)
UNO	United Nations Organization (Organisation der Vereinten Nationen)
USA	United States of America (Vereinigte Staaten von Amerika)
VMZ	Völkerkundemuseum der Universität Zürich
WBG	World Bank Group (Weltbankgruppe)

Abbildungsverzeichnis

Abbildung 1: Tibetisches Zeltlager bei Jawalakhel;
Kathmandu 1962/1963; Fotografie Elizabeth Neuenschwander. 6

Abbildung 2: Tibetisches Zeltlager vor dem Annapurna-Massiv;
Pokhara 1962/1963; Fotografie Elizabeth Neuenschwander. 6

Abbildung 3: Von vier flammenden Edelsteinen umgebener frontal blickender
gehörnter Donnerdrache mit blauen Schuppen; eingefasst von einer breiten
Borte, welche die acht daoistischen Attribute zeigt, darunter Fächer, Schwert,
Krücke und Flöte; Thronsitzteppich khagangma; 74 x 83 cm;
VMZ 24033; Fotografie Kathrin Leuenberger. 39

Abbildung 4: Zwei sich auf dunklem Innenfeld über die Schulter anschauende
Schneelöwen; Rückenteppich yabyö; 31 x 66 cm;
VMZ 24004a; Fotografie Silvia Luckner. 41

Abbildung 5: „Diener unterwegs auf dem Hochplateau von Phari";
VMZ 400 518; Fotografie Heinrich Harrer. 43

Abbildung 6: „Zugefrorener See zwischen Phari und Gyantse";
VMZ 400 10/36; Fotografie Heinrich Harrer. 43

Abbildung 7: Von Doppel- T-Mäandern eingefasstes Schachbrettmuster mit
reichhaltigen Farbnuancen; Sitz- und Schlafteppich khaden; 149 x 87 cm;
Privatbesitz Rudolf Hausammann; Fotografie Kathrin Leuenberger. 45

Abbildung 8: Von vier Kranichen umgebenes Blütenmedaillon einer Chrysantheme
mit sechs Blättern; eingefasst von vierfarbigen Wolkenmotiven auf
safranfarbigem Grund; Kissenteppich jabuye; 80 x 56 cm;
Privatbesitz Rudolf Hausammann; Fotografie Kathrin Leuenberger. 46

Abbildung 9: Tibeterinnen beim Karden im Jawalakhel Handicraft Center;
Kathmandu 1977–1982; Fotografie Rudolf Hausammann. 48

Abbildung 10: Tibeterin mit Handspindel im Tashi Ling Handicraft Center;
Pokhara 2011; Fotografie Christoph Müller. 49

Abbildung 11: Tibeter mit Spinnrad im Jawalakhel Handicraft Center;
Kathmandu 1977–1982; Fotografie Rudolf Hausammann. 50

Abbildung 12: Tibetische Knüpferin im Tashi Palkhiel Handicraft Center;
Pokhara 1977–1982; Fotografie Rudolf Hausammann. 54

Abbildung 13: Tibetische Knüpferin im Paljor Ling Handicraft Center;
Pokhara 2011; Fotografie Christoph Müller. 55

Abbildungsverzeichnis

Abbildung 14: Blick in den Innenhof aus dem Jawalakhel Handicraft Center;
Kathmandu 2011; Fotografie Christoph Müller. 61

Abbildung 15: Ein Pferd in der Abenddämmerung von Chialsa;
Solukhumbu 2011; Fotografie Christoph Müller. 65

Abbildung 16: Kinder und Hühner in der Einfahrt nach Tashi Palkhiel;
Pokhara 2011; Fotografie Christoph Müller. 66

Abbildung 17: Distrikte Nepals; von Westen nach Osten: Baglung (Dhorpatan),
Kaski (Tashi Palkhiel), Lalitpur (Jawalakhel) und Solukhumbu (Chialsa). 67

Abbildung 18: Wangdu Namru mit den Töchtern Tenzin und Wangmo in Tashi Palkhiel;
Pokhara 2011; Fotografie Christoph Müller. 69

Abbildung 19: Familie Mingmar im Jawalakhel Handicraft Center;
Kathmandu 1962/1963; Fotografie Elizabeth Neuenschwander. 72

Abbildung 20: Nepalesische Knüpferinnen in Tashi Palkhiel;
Pokhara 2011; Fotografie Christoph Müller. 74

Abbildung 21: Tsering Yangzom im Teppichausstellungsraum von Tashi Palkhiel;
Pokhara 2011; Fotografie Christoph Müller. 75

Abbildung 22 : Willkommenstafeln der Handwerkszentren
Jawalakhel, Tashi Palkhiel und Tashi Ling. 77

Abbildung 23: Visitenkarten der Handwerkszentren
Jawalakhel, Tashi Palkhiel und Tashi Ling. 78

Abbildung 24: Blick auf das Tashi Ling Handicraft Center;
Pokhara 2011; Fotografie Christoph Müller. 80

Abbildung 25: Elizabeth Neuenschwander (3.v.r.) und Sonam Topgyal (2.v.r.);
Kathmandu 1962/1963; Fotografie Elizabeth Neuenschwander. 82

Abbildung 26: Tsering Dorjee und Rudolf Hausammann in Tserings Laden;
Kathmandu 2011; Fotografie Christoph Müller. 84

Abbildung 27: Angestellte beim Sortieren neuer Wollbündel im Palbu Carpet Atelier;
Kathmandu 2011; Fotografie Christoph Müller. 95

Abbildung 28: Ungefärbte Wollvorräte im Palbu Carpet Atelier;
Kathmandu 2011; Fotografie Christoph Müller. 96

Abbildung 29: Versandbereite Teppiche im Palbu Carpet Atelier;
Kathmandu 2011; Fotografie Christoph Müller. 97

Abbildung 30: Balkenwaage mit Gewichtsstücken im Palbu Carpet Atelier;
Kathmandu 2011; Fotografie Christoph Müller. 98

Abbildung 31: Anerkennungsschreiben der Teilnehmer des SATA Lehrgangs;
Kathmandu 1995; Kopie Peter Künzi. 102

Abbildung 32: Materiallager im Tashi Ling Handicraft Center;
Pokhara 2011; Fotografie Christoph Müller. 109

Tabellenverzeichnis

Tabelle 1: Ablauf der Feldforschung in Nepal vom 4. März bis zum 17. April 2011............3

Tabelle 2: SATA-Siedlungen mit handwerklicher respektive landwirtschaftlicher Ausrichtung. 60

Tabelle 3: Vergleich der Handwerkszentren von Jawalakhel, Tashi Palkhiel und Tashi Ling. 77

Tabelle 4: Anzahl Schüler in den SLF-Schulen der ehemaligen SATA-Siedlungen (SLF 2010:6–8). 85

Tabelle 5: Ausgaben der SLF für das Fiskaljahr 2008/2009 nach Posten (SLF 2010:17). 86

Tabelle 6: Ausgaben der SLF für das Fiskaljahr 2008/2009 nach Siedlung (SLF 2010:16). 86

Tabelle 7: Entwicklung der monatlichen SATA-Teppichproduktion von 1963 bis 1965 (DEZA 1968a:1; Högger 1968:78). 87

Tabelle 8: Erster SATA-Halbjahresabschluss von Mitte 1965 (Högger 1968:90). 88

Tabelle 9: Zweiter SATA-Halbjahresabschluss von Ende 1965 (Högger 1968:90). 88

Tabelle 10: Dritter SATA-Halbjahresabschluss von Mitte 1966 (Högger 1968:91). 88

Tabelle 11: Entwicklung der jährlichen SATA-Teppichproduktion von 1963 bis 1966 (Högger 1968:78/92). 89

Tabelle 12: Entwicklung der jährlichen SATA-Teppichproduktion von 1963 bis 1966 und der jährlichen nepalesischen Teppichexporte von 1970 bis 2008 (Graner 1999:217; 2003:256–257; Högger 1968:78/92; TEPC 2012; Wilhelm 2012:141)......91

Tabelle 13: Entwicklung der jährlichen SATA-Teppichproduktion von 1963 bis 1966 und der jährlichen nepalesischen Teppichexporte von 1970 bis 1975 im Vergleich zu den jeweiligen Aufenthaltszeiten der Schweizer Entwicklungshelferinnen und -helfer in Nepal (Graner 1999:217; 2003:256–257; Högger 1968:78/92; Wilhelm 2012:141). 101

Literaturverzeichnis

Armbrecht Forbes, Ann (1989) *Settlements of Hope – An Account of Tibetan Refugees in Nepal* (Cambridge, Massachusetts: Cultural Survival).

BAR, Schweizerisches Bundesarchiv (1950) *Brief von Hans Pallmann, ETH-Schulratspräsident, an Otto Zipfel, Delegierter für Arbeitsbeschaffung – Antrag für die Entsendung eines Forward Teams nach Nepal inklusive Bewilligung von 50'000 Franken* (Zürich).

BAR, Schweizerisches Bundesarchiv (1962a) *Die bilaterale Technische Zusammenarbeit der Schweiz mit Entwicklungsländern* (Bern).

BAR, Schweizerisches Bundesarchiv (1962b) *Note à Monsieur le Conseiller fédéral Wahlen – Coopération technique et présence diplomatique suisse au Népal* (Bern).

BAR, Schweizerisches Bundesarchiv (1962c) *Notiz an Herrn Bundesrat Wahlen – Richtlinien für unsere technische Zusammenarbeit mit den Entwicklungsländern* (Bern).

BAR, Schweizerisches Bundesarchiv (1962d) *Notiz für Herrn Bundesrat Wahlen – Schweizerische Leistungen in der technischen Zusammenarbeit 1962* (Bern).

BAR, Schweizerisches Bundesarchiv (1965) *An den Bundesrat – Technische Zusammenarbeit mit Nepal: Weiterführung der Projekte von Helvetas und der Bundesprojekte* (Bern).

BAR, Schweizerisches Bundesarchiv (1969) *Einsatz eines Koordinators für technische Zusammenarbeit in Nepal* (Bern).

BAR, Schweizerisches Bundesarchiv (2009) *Volksaufstand in Tibet, 10. März 1959,* http://www.bar.admin.ch/dokumentation/00445/00965/00973/00977/index.html?lang=de, abgerufen am 14.09.2011.

Basler, Ernst (1984) *Bericht zu "Sinn und Erfolg von Projekten der schweizerischen Entwicklungshilfe in Nepal" zuhanden der Geschäftsprüfungskommission des Nationalrates* (Zürich: Ernst Basler und Partner).

Beer, Robert (2003) *The Handbook of Tibetan Buddhist Symbols* (Chicago: Serindia Publications).

BFM, Bundesamt für Migration (2012a) *Tibet – Bestand der ständigen ausländischen Wohnbevölkerung und der Saisonarbeiter nach Staatsangehörigkeit, Ausländergruppe, mit und ohne Erwerb, Zivilstand, Alter und Geschlecht, seit Ende Dezember 1964* (Bern).

BFM, Bundesamt für Migration (2012b) *Tibet – Erwerb des Schweizer Bürgerrechts nach früherer Staatsangehörigkeit, Art der Einbürgerung und Geschlecht, seit 1974* (Bern).

Blasius, Rainer Achim, Mechthild Lindemann und Ilse Dorothee Pautsch (1994) 'Akten zur Auswärtigen Politik der Bundesrepublik Deutschland – 1. Juni bis 30. September 1963', in Auswärtiges Amt vom Institut für Zeitgeschichte (ed.) *Akten zur Auswärtigen Politik der Bundesrepublik Deutschland* (München: Oldenbourg Verlag).

Brauen, Martin (1983) *Peter Aufschnaiter – Sein Leben in Tibet* (Innsbruck: Steiger Verlag).

Büschel, Hubertus und Daniel Speich (2009) *Entwicklungswelten – Globalgeschichte der Entwicklungszusammenarbeit* (Frankfurt am Main: Campus Verlag).

Cattani, Alfred (1991) 'Erwünschte Flüchtlinge – Ungarn, Tibeter und Tschechoslowaken in der Schweiz', *NZZ Folio – Die Zeitschrift der Neuen Zürcher Zeitung,* Vol. 8/91.

Chen, Qingying (2004) *Geschichte Tibets* (Peking: China Intercontinental Press).

China View, Peking (2005) *Ngapoi recalls the founding of the TAR*, http://news.xinhuanet.com/english/2005-08/30/content_3422747.htm, abgerufen am 02.03.2012.

Chodrak, Trinley und Kesang Tashi (2000) *Of Wool and Loom – The Tradition of Tibetan Rugs* (Bangkok: White Orchid Press).

Cole, Thomas (2010) *Patterns of Life – The Art of Tibetan Carpets* (New York: Rubin Museum of Art).

Collingwood, Peter (1969) *The Techniques of Rug Weaving* (New York: Watson-Guptill Publications).

CTA, Central Tibetan Administration, Dharamsala (2012a) *Tibet in Exile*, http://tibet.net/about-cta/tibet-in-exile, abgerufen am 05.02.2012.

CTA, Central Tibetan Administration, Dharamsala (2012b) *Tibet at a Glance*, http://tibet.net/about-tibet/tibet-at-a-glance, abgerufen am 05.02.2012.

CTSA, Central Tibetan Schools Administration, Neu-Delhi (2012) *Schools Under CTSA*, http://www.ctsa.nic.in, abgerufen am 02.03.2012.

Däniker, Kathrin und Betty Stocker (1993) 'Das erste Entwicklungshilfswerk ein Schrumpfprodukt – Die Gründung des Schweizerischen Hilfswerks für aussereuropäische Gebiete 1955 und dessen Einbindung in die Entwicklungshilfekonzeption des Bundes', in Peter Hug und Beatrix Mesmer (eds.) *Von der Entwicklungshilfe zur Entwicklungspolitik* (Bern: Schweizerisches Bundesarchiv).

Denwood, Philip (1974) *The Tibetan Carpet* (Warminster, England: Aris and Phillips).

DEZA, Direktion für Entwicklung und Zusammenarbeit (1968a) 'Auskunftsblatt veröffentlicht zu Handen von Presse, Radio und Fernsehen', *TZ-Information,* Vol. 4/April.

DEZA, Direktion für Entwicklung und Zusammenarbeit (1968b) 'Auskunftsblatt veröffentlicht zu Handen von Presse, Radio und Fernsehen', *TZ-Information,* Vol. 12/Dezember.

DEZA, Direktion für Entwicklung und Zusammenarbeit (1972) 'Informationen über Entwicklungspolitk', *Entwicklung,* Vol. 10/1972.

DEZA, Direktion für Entwicklung und Zusammenarbeit (1973) 'Informationen über Entwicklungspolitk', *Entwicklung,* Vol. 17/Januar.

DEZA, Direktion für Entwicklung und Zusammenarbeit (1974) 'Informationen über Entwicklungspolitk', *Entwicklung,* Vol. 21/Februar.

DEZA, Direktion für Entwicklung und Zusammenarbeit (1976) 'Informationen über Entwicklungspolitik', *Entwicklung,* Vol. Sondernummer/Februar.

DEZA, Direktion für Entwicklung und Zusammenarbeit (1977) 'Informationen über Entwicklungspolitik', *Entwicklung,* Vol. Sondernummer/September.

DEZA, Direktion für Entwicklung und Zusammenarbeit (2011a) '50 Jahre DEZA – Mehr als Hilfe', *Eine Welt – Das DEZA-Magazin für Entwicklung und Zusammenarbeit,* Vol. 1/2011.

DEZA, Direktion für Entwicklung und Zusammenarbeit (2011b) *Multimediale Geschichte der DEZA,* http://www.deza.admin.ch/common/history/de/index.html, abgerufen am 12.11.2011.

DEZA, Direktion für Entwicklung und Zusammenarbeit (2011c) *Rolle der ETH in der Geschichte der Schweizer Entwicklungszusammenarbeit,* http://www.deza.admin.ch/de/Home/Aktuell/News_Detailansicht?itemID=204639, abgerufen am 11.11.2011.

DEZA, Direktion für Entwicklung und Zusammenarbeit (2011d) *Geschichte der DEZA,* http://www.deza.admin.ch/de/Dossiers/50_Jahre_DEZA/Geschichte_der_ Entwicklungszusammenarbeit/Chronologie, abgerufen am 12.11.2011.

DRS, Doppelpunkt (2009) *Tibeter in der Schweiz – Neue Heimat und doch im Exil [Radiosendung vom 05.03.2009]* (Zürich: Schweizer Radio und Fernsehen).

Escobar, Arturo (1995) *Encountering Development – The Making and Unmaking of the Third World* (Princeton und Oxford: Princeton University Press).

FAO, Food and Agriculture Organization of the United Nations (2012) *The Expanded Program of Technical Assistance,* http://www.fao.org/docrep/x5357e/x5357e03.htm, abgerufen am 30.03.2012.

FBR, Feldforschungsbericht (2011) *Bericht von Christoph Müller zur Feldforschung vom 3. März bis zum 18. April 2011* (Zürich).

Ford, Jim und Barbara Ford (1989) 'Der Stellenwert der Sammlung in der Teppichkunst', in Mimi Lipton (ed.) *Tigerteppiche aus Tibet* (Stuttgart: Staib & Mayer).

Frechette, Ann (2002) *Tibetans in Nepal – The Dynamics of International Assistance among a Community in Exile* (New York: Berghahn Books).

FTB, Feldforschungstagebuch (2011) *Notizen von Christoph Müller zur Feldforschung vom 3. März bis zum 18. April 2011* (Kathmandu, Pokhara, Chialsa).

Gans-Ruedin, Erwin (1981) *Der Chinesische Teppich* (München: Prestel Verlag).

Goldstein, Melvyn C. (1989) *A History of Modern Tibet Volume 1 – The Demise of the Lamaist State 1913–1951* (Berkeley, Los Angeles, London: University of California Press).

Goldstein, Melvyn C. (1997) *The Snow Lion and the Dragon – China, Tibet, and the Dalai Lama* (Berkeley, Los Angeles, London: University of California Press).

Goldstein, Melvyn C. (2007) *A History of Modern Tibet Volume 2 – The Calm before the Storm 1951–1955* (Berkeley, Los Angeles, London: University of California Press).

Goldstein, Melvyn C. und Cynthia M. Beall (1991) *Die Nomaden Westtibets – Der Überlebenskampf der tibetischen Hirtennomaden* (Nürnberg: DA Verlag Das Andere).

Graner, Elvira (1999) 'Nepalese Carpets – An Analysis of Export oriented Production and Labour Markets', *The Economic Journal of Nepal,* Vol. 22/4.

Graner, Elvira (2001) 'Labor Markets and Migration in Nepal – The Case of Workers in Kathmandu Valley Carpet Manufactories', *Mountain Research and Development,* Vol. 21/3.

Graner, Elvira (2003) 'Migration and Sustainable Development in Nepal – Carpet Workers in the Kathmandu Valley', in Manfred Domroes (ed.) *Translating Development – The Case of Nepal* (New Delhi: Social Science Press).

Graner, Elvira (2008) 'Integration versus Fragmentation – Nepalese Labourers in the Global Economy', *Die Erde – Zeitschrift der Gesellschaft für Erdkunde zu Berlin,* Vol. 139/3.

Hagen, Toni (1988) *Wege und Irrwege der Entwicklungshilfe – Das Experimentieren an der Dritten Welt* (Zürich: Verlag Neue Zürcher Zeitung).

Hagen, Toni (1992) *Brücken bauen zur Dritten Welt – Erinnerungen an Nepal 1950–1992* (Sankt Augustin: Academia Verlag).

Hausammann, Rudolf (1992) *Tibeter-Teppiche Heft* (Bern).

Hausammann, Rudolf (2012) *Telefongespräch mit Rudolf Hausammann vom 03.04.2012 betreffend der Herstellung tibetischer Teppiche* (Seedorf).

Helvetas (2011) *Statuten Helvetas Swiss Intercooperation,* http://helvetas.org/global/pdf/about_us/statuts_lignes_directrices/DEFdeutsche_Statuten_08.11.10_PVA.pdf, abgerufen am 29.12.2011.

Helvetas (2012) *Peter Arbenz,* http://www.helvetas.ch/wDeutsch/about_us/leute/praesidium01.asp, abgerufen am 30.04.2012.

Högger, Rudolf (1968) *Die Tibeteraktion des Dienstes für technische Zusammenarbeit in Nepal 1963–1967.*

Högger, Rudolf (1975) *Die Schweiz in Nepal – Erfahrungen und Fragen aus der schweizerischen Entwicklungszusammenarbeit mit Nepal* (Bern, Stuttgart: Verlag Paul Haupt).

Högger, Rudolf (2007) *Interview mit Rudolf Högger [Tonaufnahmen vom 02.10.2007]* (Zürich).

Jeanneret, Roland (2011) *Von Schangnau nach Kabul – Ein Leben für andere: Elizabeth Neuenschwander* (Bern: Lokwort).

JHC, Jawalakhel Handicraft Center (2011) *The Pioneer of Typical Tibetan Carpet Industry in Nepal* (Kathmandu).

JHC, Jawalakhel Handicraft Center (2012) *Jawalakhel Handicraft Center*, http://www.jhcnepal.com, abgerufen am 29.04.2012.

Kalt, Monica (2010) 'Tiersmondismus in der Schweiz der 1960er und 1970er Jahre – Von der Barmherzigkeit zur Solidarität', in Ueli Mäder und Hector Schmassmann (eds.) *Social Strategies – Monographien zur Soziologie und Gesellschaftspolitik* (Bern: Peter Lang).

Kocher, Kathrin (2012) *Persönliche Einführung durch Kathrin Kocher vom 23.03.2012 betreffend der Herstellung tibetischer Teppiche* (Zürich).

König, Verena (2011) *Der Marshall-Plan und das Handlungsmotiv der USA* (Norderstedt: Grin Verlag).

Kuløy, Hallvard Kåre (1982) *Tibetan Rugs* (Bangkok: White Orchid Press).

Künzi, Peter (2008) *Interview mit Peter Künzi [Filmaufnahmen vom 04.02.2008]* (Bern).

Künzi, Peter (2012) *Antwortmail von Peter Künzi vom 26.03.2012 betreffend einer Anfrage zur Exportgesellschaft Carpet Trading Company* (Bern).

Lewis, David (2005) 'Anthropology and development: the uneasy relationship', in James G. Carrier (ed.) *A handbook of economic anthropology* (Cheltenham: Edward Elgar).

Lipton, Mimi (1989) *Tigerteppiche aus Tibet* (Stuttgart: Staib & Mayer).

MacPherson, Seonaigh, Anne-Sophie Bentz und Dawa Bhuti Ghoso (2008a) *Global Nomads: The Emergence of the Tibetan Diaspora (Part I)*, http://www.migrationinformation.org/USFocus/display.cfm?ID=693, abgerufen am 01.03.2012.

MacPherson, Seonaigh, Anne-Sophie Bentz und Dawa Bhuti Ghoso (2008b) *The Tibetan Diaspora: Adapting to Life outside Tibet (Part II)*, http://www.migrationinformation.org/Feature/display.cfm?ID=696, abgerufen am 01.03.2012.

Matzinger, Albert (1990) *Die Anfänge der schweizerischen Entwicklungshilfe* (Zürich: Historisches Seminar der Universität Zürich).

Maus, Ruth (1968) *Tibeter (Zentralasien, Nepal) – Spinnen und Faerben von Wolle* (Göttingen: Institut für den wissenschaftlichen Film der Universität Göttingen).

Messerschmidt, Donald A. (1997) *Moran of Kathmandu: Priest, Educator and Ham Radio Voice of the Himalayas – The Biography of Father Marshall D. Moran (1906–1992)* (Bangkok: White Orchid Press).

Migyul, The Himalayan Community Magazine (2003) 'Tibetans in America', *Migyul*, Vol. 1.

Möbel Pfister AG (2012) *Nepal-Tibeter-Teppiche*, http://www.pfister.ch, abgerufen am 29.04.2012.

Möckli, Thomas (2004) *50 Jahre Helvetas – Inspiration schweizerischer Entwicklungszusammenarbeit im Spannungsfeld von struktureller Abhängigkeit und entwicklungspolitischer Vision* (Freiburg: Departement für Historische Wissenschaften der Universität Freiburg).

Möckli, Thomas (2005) *Eine bewegte Geschichte: 50 Jahre Helvetas 1955–2005* (Zürich: Helvetas).

Moser, Patrick (1993) 'Ein kühnes neues Programm – Das Point-Four-Programm der USA, das Erweiterte Technische Hilfsprogramm der UNO (EPTA) und die Schweiz', in Peter Hug und Beatrix Mesmer (eds.) *Von der Entwicklungshilfe zur Entwicklungspolitik* (Bern: Schweizerisches Bundesarchiv).

Mosse, David (2005) *Cultivating Development – An Ethnography of Aid Policy and Practice* (London: Pluto Press).

Nabholz-Kartaschoff, Marie-Louise (1972) *Tibeter (Zentralasien, Nepal) – Knüpfen eines Teppichs* (Göttingen: Institut für den wissenschaftlichen Film der Universität Göttingen).

Neuenschwander, Elizabeth (2008a) *Interview mit Elizabeth Neuenschwander [Filmaufnahmen vom 04.02.2008]* (Bern).

Neuenschwander, Elizabeth (2008b) *Interview mit Elizabeth Neuenschwander [Tonaufnahmen vom 28.01.2008]* (Zürich).

NZZ, Neue Zürcher Zeitung (2008) *China erklärt die Gespräche mit dem Dalai Lama für gescheitert – Kompromisslose Ablehnung eines "mittleren Weges" für Tibet*, http://www.nzz.ch/nachrichten/politik/international/china_erklaert_die_gespraeche_mit_dem_dalai_lama_fuer_gescheitert_1.1247262.html, abgerufen am 05.02.2012.

NZZ, Neue Zürcher Zeitung (2009a) *China feiert in Tibet die "Befreiung" – 50 Jahre Abschaffung der tibetischen Regierung inszeniert*, http://www.nzz.ch/nachrichten/politik/international/china_tibet__1.2276918.html, abgerufen am 04.02.2012.

NZZ, Neue Zürcher Zeitung (2009b) *Der Dalai Lama kommt in die Schweiz – Vorraussichtlich am 4. und 5. August in Lausanne*, http://www.nzz.ch/nachrichten/panorama/dalai_lama_schweiz_1.1782143.html?video=1.3222485, abgerufen am 05.02.2012.

Olschak, Blanche Christine (1967) *Tibetan Carpets* (Basel: Sandoz).

Phuntso, Tsewang (2012) *Reconstruction in Exile*, http://tibetoffice.org/exile-community/reconstruction-in-exile, abgerufen am 01.03.2012.

Piccus, Robert P. (2011) *Sacred & Secular – The Piccus Collection of Tibetan Rugs* (Chicago: Serindia Publications).

PLHC, Paljor Ling Handicraft Center (2011) *The Tibetan Handicrafts* (Pokhara).

Regmi, Girish Chandra (1993) 'Nepal in 1992: Exercising Parliamentary Politics', *Asian Survey*, Vol. 33/2.

Renschler, Walter (1966) 'Die Konzeption der technischen Zusammenarbeit zwischen der Schweiz und den Entwicklungsländern', in Marcel Beck und Max Silberschmidt (eds.) *Wirtschaft, Gesellschaft, Staat: Zürcher Studien zur allgemeinen Geschichte* (Zürich: Europa Verlag).

Saas, Peter (1967) *Im Zeichen des Schneelöwen [Werbefilm aus dem Jahr 1967]* (Kathmandu, Pokhara, Chialsa: DEZA und SRK).

Samphel, Thubten (2012) *Nonviolent Struggle of the Tibetan People*, http://tibetoffice.org/exile-community/overview-of-non-violent-struggle, abgerufen am 01.03.2012.

SATA, Swiss Association for Technical Assistance (1982) *Swiss Technical Cooperation in Nepal – An Introduction to the Projects of the Swiss Association for Technical Assistance (SATA) in Nepal* (Kathmandu: Swiss Associatoin for Technical Assistance).

Schöler, Cornelia (2008) *Revolution in Nepal – Eine neue Welt ist möglich* (Frankfurt am Main: Zambon Verlag).

Schulthess, Heidi (2007) *Meine Erfahrungen über Freiwilligen Arbeit in Nepal im Textilbereich* (Wädenswil).

Schulthess, Heidi (2008a) *Interview mit Heidi Schulthess [Tonaufnahmen vom 29.01.2008]* (Wädenswil).

Schulthess, Heidi (2008b) *Interview mit Heidi Schulthess [Filmaufnahmen vom 04.02.2008]* (Bern).

Schulthess, Werner (2006) *Textilhandwerkliche Entwicklungszusammenarbeit in Nepal 1959–1964* (Wädenswil).

SFH, Schweizerische Flüchtlingshilfe (2004) *Nepal: Situation von TibeterInnen in Nepal* (Bern).

Shah, K. B. (2003) 'On the distribution and status of Tibetan argali, Ovis ammon hodgsoni Blyth, 1841 in Nepal', *Himalayan Journal of Sciences,* Vol. 1/1.

Siegel, Jennifer (2002) *Endgame – Britain, Russia and the final struggle for central Asia* (London, New York: I. B. Tauris).

SLF, Snow Lion Foundation (2010) *Annual Reports to the XXXVII General Assembly Fiscal Year 2008/2009* (Kathmandu).

SLF, Snow Lion Foundation (2012) *Antwortmail von Ngawang Lhamo vom 17.04.12 betreffend einer Anfrage zum SATA-Projekt* (Kathmandu).

SNB, Schweizerische Nationalbank (2007) *Die Schweizerische Nationalbank 1907–2007* (Zürich: Verlag Neue Zürcher Zeitung).

South China Morning Post, Hong Kong (1998) *Interview with Ngapoi Ngawang Jigme,* http://www.tibet.ca/en/newsroom/wtn/archive/old?y=1998&m=4&p=8_4, abgerufen am 02.03.2012.

Swissaid (2011) *Aller Anfang ist klein,* http://www.swissaid.ch/wDeutsch/ueber_uns/geschichte.php?navid=35, abgerufen am 29.12.2011.

TEPC, Trade and Export Promotion Centre, Ministry of Commerce and Supplies, Government of Nepal (2012) *Hand Knotted Woolen Carpet of Nepal – Export Figure,* http://www.tepc.gov.np/products/hand-knotted.php, abgerufen am 01.05.2012.

TGSL, Tibetergemeinschaft in der Schweiz und Liechtenstein (2012) *Antwortmail von Lobsang Shitsetsang vom 05.02.2012 betreffend einer Anfrage zur Anzahl in der Schweiz lebender Tibeter* (Zürich).

Tibet Office, die offizielle Vertretung des Dalai Lama und der Tibetischen Zentralverwaltung für Zentral- und Osteuropa (2012) *The Tibet Bureau Genf,* http://www.tibetoffice.ch, abgerufen am 05.02.2012.

TLHC, Tashi Ling Handicraft Center (2011) *The Pioneer of Typical Tibetan Carpet Industry in Pokhara* (Pokhara).

TPHC, Tashi Palkhiel Handicraft Center (2011) *Traditional Tibetan Carpet* (Pokhara).

UNO, United Nations Organization (1945) *Charta der Vereinten Nationen,* http://www.unric.org/de/charta, http://www.un.org/depts/german/un_charta/charta.pdf, abgerufen am 19.12.2011.

UNO, United Nations Organization (1947) *Yearbook of the United Nations 1946–1947* (New York: United Nations).

UNO, United Nations Organization (1948) *Yearbook of the United Nations 1947–1948* (New York: United Nations).

UNO, United Nations Organization (1949) *Yearbook of the United Nations 1948–1949* (New York: United Nations).

UNO, United Nations Organization (1950) *Yearbook of the United Nations 1950* (New York: United Nations).

Upadhyaya, Liladhar (2007) 'The Nepalese Carpet Industry and Swiss Support', in Matthias Jäger und Peter Stricker (eds.) *Cheese, Industrial Dreams and Labour Market Realities – 50 Years of Swiss-Nepal Cooperation in the Field of Vocational Education and Training* (Zürich: KEK-CDC Consultants).

van Walt van Praag, Michael C. (1987) *The Status of Tibet – History, Rights, and Prospects in International Law* (London: Wisdom Publications).

VMZ, Völkerkundemuseum der Universität Zürich (2008a) *Drache Lotos Schneelöwe – Teppiche vom Dach der Welt [Begleitbroschüre der Ausstellung vom 17.10.2008 bis zum 22.11.2009]* (Zürich: Völkerkundemuseum der Universität Zürich).

VMZ, Völkerkundemuseum der Universität Zürich (2008b) *Drache Lotos Schneelöwe – Teppiche vom Dach der Welt [Texte der Ausstellung vom 17.10.2008 bis zum 22.11.2009]* (Zürich: Völkerkundemuseum der Universität Zürich).

von Fürer-Haimdorf, Christoph (1990) *The Renaissance of Tibetan Civilization* (Oracle, Arizona: Synergetic Press).

WBG, World Bank Group (2012) *Poverty & Equity Data*, http://povertydata.worldbank.org, abgerufen am 18.03.2012.

Wicki, Ann-Karin (1993) 'Zwischen Exportwirtschaft und Aussenpolitik – Die Institutionalisierung der technischen Hilfe zwischen 1950 und 1955', in Peter Hug und Beatrix Mesmer (eds.) *Von der Entwicklungshilfe zur Entwicklungspolitik* (Bern: Schweizerisches Bundesarchiv).

Wilhelm, Rolf (2002), 'Entwicklungszusammenarbeit lohnt sich – Schwierigkeiten, Glücksfälle und Erfolge aus 40 Jahren', *Neue Zürcher Zeitung,* 18.01.2002.

Wilhelm, Rolf (2012) *Gemeinsam unterwegs – Eine Zeitreise durch 60 Jahre Entwicklungszusammenarbeit Schweiz-Nepal* (Bern, Stuttgart, Wien: Haupt Verlag).

Wilhelm, Rolf, Peter Künzi und Sigrid Joss (2007) *Interview mit Rolf Wilhelm, Peter Künzi und Sigrid Joss [Tonaufnahmen vom 08.11.2007]* (Oberscherli).